丁肇中近照

诺贝尔物理学奖得主

真理是人类永恒的追求
科学的真理更是不朽的探索

1976年丁肇中荣膺诺贝尔物理学奖一幕

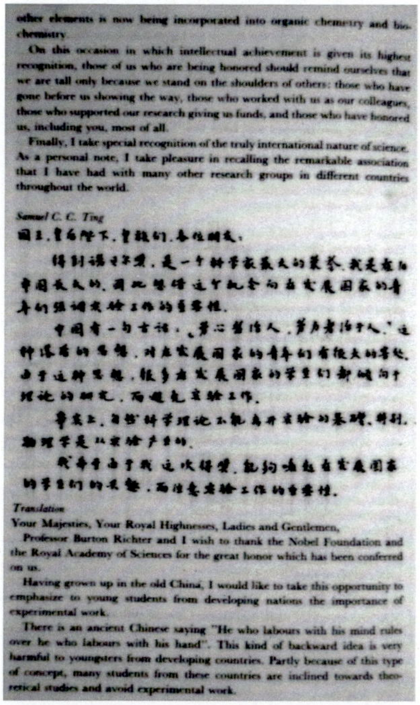
other elements is now being incorporated into organic chemistry and biochemistry.

On this occasion in which intellectual achievement is given its highest recognition, those of us who are being honored should remind ourselves that we are tall only because we stand on the shoulders of others: those who have gone before us showing the way, those who worked with us as our colleagues, those who supported our research giving us funds, and those who have honored us, including you, most of all.

Finally, I take special recognition of the truly international nature of science. As a personal note, I take pleasure in recalling the remarkable association that I have had with many other research groups in different countries throughout the world.

Samuel C. C. Ting

国王，皇后陛下，皇族们，各位朋友：

得到诺贝尔奖，是一个科学家最大的荣誉。我是在旧中国长大的，因此想借这个机会向在发展国家的青年们强调实验工作的重要性。

中国有一句古话，"劳心者治人，劳力者治于人。"这种落后的思想，对在发展国家的青年们有很大的害处。由于这种思想，很多在发展国家的学生们都倾向于理论的研究，而避免实验工作。

事实上，自然科学理论不能离开实验的基础，特别，物理学是从实验产生的。

我希望由于我这次得奖，能够唤起在发展国家的学生们的兴趣，而注意实验工作的重要性。

Translation

Your Majesties, Your Royal Highnesses, Ladies and Gentlemen,

Professor Burton Richter and I wish to thank the Nobel Foundation and the Royal Academy of Sciences for the great honor which has been conferred on us.

Having grown up in the old China, I would like to take this opportunity to emphasize to young students from developing nations the importance of experimental work.

There is an ancient Chinese saying "He who labours with his mind rules over he who labours with his hand". This kind of backward idea is very harmful to youngsters from developing countries. Partly because of this type of concept, many students from these countries are inclined towards theoretical studies and avoid experimental work.

丁肇中在诺贝尔奖颁奖典礼上用中文发表的讲演稿（中文全文）

欲穷千里目，更上一层楼

丁肇中在阿尔法磁谱仪搭载发现号航天飞机升空发射现场

科学大师人生系列

丁肇中传

周金品／著

科学出版社
北京

图书在版编目（CIP）数据

丁肇中传 / 周金品著. —北京：科学出版社，2017.7
（科学大师人生系列）
ISBN 978-7-03-053602-0

Ⅰ. 丁… Ⅱ. 周… Ⅲ. 丁肇中-传记 Ⅳ. K837.126.11

中国版本图书馆 CIP 数据核字（2017）第 131970 号

责任编辑：侯俊琳 彭克里 刘 晶 张 莉 / 责任校对：何艳萍
责任印制：徐晓晨 / 封面设计：有道文化
联系电话：010-64035853
E-mail：houjunlin@mail.sciencep.com

科学出版社出版
北京东黄城根北街 16 号
邮政编码：100717
http://www.sciencep.com
北京虎彩文化传播有限公司 印刷
科学出版社发行 各地新华书店经销
*
2017 年 7 月第 二 版 开本：720×1000 1/16
2019 年 1 月第二次印刷 印张：13 1/8 插页：2
字数：143 000
定价：48.00 元
（如有印装质量问题，我社负责调换）

序

丁肇中教授是世界著名的实验物理学家。我曾参加过丁教授的合作实验，获益匪浅。他勇于探索和创新的精神令人钦佩。

《丁肇中传》一书的作者在占有丰富素材的基础上，以生动、清新的文笔，翔实地描绘了丁肇中教授的成长过程，展现了他在科学道路上拼搏进取的人生经历。相信广大青少年读者会从这本书中得到有益的启迪，获取知识和力量，进而激发探求科学的兴趣。

丁肇中教授有一句名言："只要你肯干，肯自强，一个普通人也可以有伟大的成就。"科学的发展是永无止境的，成功将永远属于那些在科学征途上不畏艰险、勇于攀登的人们。

中国科学院院士

唐孝威

2006年3月

我已溜览一遍，深觉文字優美，所述亦大体正确。

丁观海

78,6,22

(1989年)

丁肇中的父亲丁观海亲笔写下的阅后感

我已溜（浏）览一遍，深觉文字优美，所述亦大体正确。

前　　言

J 粒子的发现，奠定了丁肇中在世界物理学界的地位。

诺贝尔奖是举世公认的最高科学奖，毋庸置疑，获得它当然是一种至高无上的荣誉。然而获得诺贝尔奖对丁肇中的生活方式却几乎毫无影响。

当他去一家中国餐馆时，人家就知道他是谁。"而且，我确实能得到更好的服务。对了，还有"，他接着说，"甚至我的女儿在大约一个月的时间内也变得跟我更加亲热了。"

美国总统福特向他致电祝贺："这种基本知识上的重大进展，能够导致科学的更进一步的突破，进而造福人类。"

在所有诺贝尔奖获得者中，丁肇中是第一位用中文发表演说的华裔科学家，因而尤为全世界的华人所敬重。

大多数人主要是通过（荣获）诺贝尔奖认识丁肇中的，人们认识的荣获诺贝尔奖的丁肇中，只是他的一个侧面，他还有许多不为人知的经历、思想、个性和真实的故事……

丁肇中祖籍山东日照涛雒镇，这是一个有 900 多年历史的古镇。丁氏家族明初从外地迁来，后成为这里的名门望族。丁氏祖宅的主厅名为"种德堂"。

丁肇中的祖父丁履巽是一位热心在乡间办学的开明绅士，早年肄业于复旦大学。37 岁时因牙病感染，英年早逝，终生未入仕途。丁履巽的妻子是一位非常善良的家庭妇女。他们共有六个儿女：长子丁鑑宏，从燕京大学毕业后一直在济南山东师范大学任外语教师；二儿子丁观海是丁肇中的父亲；在他下面还有四个妹妹。

社会上盛传国民党元老丁惟汾是丁肇中的祖父，其实不然。事实上，丁惟汾只是丁氏同族的远房亲戚，而且不是同一个村上的人，但他是丁肇中母亲王隽英的义父。王隽英的父亲王以成早年留学日本，经丁惟汾介绍参加中国同盟会（国民党前身），后王以成在辛亥革命中壮烈牺牲，丁惟汾就成了王隽英的义父。

丁肇中从小受父母影响很大。他的童年跟当时千百万中国少年一样，是在战乱的逃难生活中度过的，无法接受正规的小学教育。幸亏他的父母都是大学教师，母亲王隽英还是研究儿童心理学的，他们没有给他灌输一些死的书本知识，也从不鼓励孩子考什么“第一名”，更没有逼他要成什么“家”，而是慢慢引导和培养他读书的兴趣。

1945 年，随着和平的到来，丁肇中跟随父亲丁观海来到祖籍山东。在这里，父亲把他送到一所德国修女办的、要求非常严格的教会小学去上学。当时丁肇中只认识少数几个字，学习上遇到很大困难。面对这种情况，父亲没有打骂他，也没有训斥他，更没有一味枯燥地说教，而是想方设法激励他学习的兴趣，跟他一起讨论在学校学习与不在学校学习的优劣。父亲的话使他懂得，要想成为对社会有用的人，必须接受正规的学校教育。

丁肇中在回忆自己成长的道路时说：“我之所以能够取得成功，和父母亲当年良好的教育分不开。父亲对我的最大影响，是在我青少年时代就引导我认识了伟大科学家们的工作和成就，对我所做的一切给予很大的支持。因而，应该说，他是我事业的启蒙老师。”

科学是一门追求真理的学问。在学校里，丁肇中就对真理的概念发生了兴趣。这种对真理的追求，使他于 1956 年年仅 20 岁时，只身赴美留学。当时他口袋里只有 100 美元，举目无亲，英语也不太灵光；3 年后，他靠奖学金读完了大学课程，获得了数学和物理学双学士学位；又过了 3 年，他成为了物理学博士。

在科学研究中，研究者最初的研究目标，往往同他们最终取得的成果不完全相同。

当丁肇中发现 J 粒子的消息传到美国哥伦比亚大学莱德曼教授和他的实验小组那里时，莱德曼教授简直被惊呆了。因为七年前，也就是 1967 年，他就在丁肇中工作的那台加速器上工作过，当时由于只看到了一些模糊的反常现象，便放弃了探索，带领他实验小组的全班人马转移到条件更好的国立费米实验室去继续研究。这时莱德曼才终于明白，也许一生难得一次的能够获得诺贝尔奖的机会从自己眼皮底下溜走了。

那么，究竟是什么原因使得莱德曼错过了早在 1967 年就可以发现 J 粒子的机会呢？原来问题就出在那台探测器上。当初，莱德曼只是强调了探测器的灵敏度，而忽视了它的分辨本领。从传统的常识来看，莱德曼这样做无可非议，因为一般新粒子都具有很大的宽度，花费很高的代价去提高探测器的分辨本领，岂不是杀鸡用牛刀？然而，J 粒子偏偏是一个宽度极窄、异峰突起的“怪”粒子。用莱德曼的探测器分辨它，就好比戴了皮手套去摸一粒沙子一样，任凭你有多大的本领也无济于事。丁肇中恰恰有不受传统约束的习惯，他顶住了各种反对意见和非难，强调改进并花大本钱去提高探测器的分辨本领，战胜了一个又一个困难，出奇制胜，才取得了最后的成功。这段插曲，不禁使我们想起了铭刻在贝尔研究所贝尔塑像下面的一句忠告：“有时需要离开常走的大道，潜入森林，你肯定就会发现前所未见的东西。”正如丁肇中自己所说：“科学研究是要做前人未做过的事情，因此要有创新精神，要标新立异。”

科学的本质就是创新。整个人类历史就是一个不断创新、不断进步的过程，没有创新就没有人类的进步，也就没有人类的未来。

J 粒子的发现，在物理学界掀起了轩然大波，这项意料不到的新发现，使实验物理学家和理论物理学家都大为惊异。从 1897 年 J.J.汤姆逊发现第一个基本粒子——电子以来，经过一个多世纪，基本粒子已成为拥有 300 多个成员的“庞大家族”了。

基本粒子大都是“短命鬼”，像已发现的几种重光子，寿命只不过一亿亿分之一秒。然而，J 粒子的寿命特别长，要比其他伙伴长一千倍！

后来，外界有一个误会，以为 J 粒子就是“丁粒子”。其实，这只是巧合而已。丁肇中的原意是想用这个新粒子来纪念他在探索电磁流性质方面花了十年工夫才获得的这项了不起的新发现，而文献中通常都用 J 来表示电磁流，因而这个新粒子就以 J 命名。

提起所获得的成就，丁肇中风趣地说：“在我做寻找新粒子的实验尚未成功之时，人们说我是傻子，因为成功的可能性极小。但当我找到新粒子时，人们又说我是天才——其实，傻子与天才之间只有一步之遥。要永远对自己充满信心，做自己认为是正确的事，同时，要对意料之外的现象有充分的准备。总之，要实现你的目标，最重要的是要有好奇心、不断地追求以及勤奋地工作。”

在谈论如何才能成为一名杰出的科学家时，他说：“最重要的，第一是要对科学有兴趣，认为从事的科学是你一辈子唯一的乐趣，其他的都是次要的。假如你没有这个信心的话，你就不应该从事科学研究，而应该去做别的事。”

他又说：“绝大多数科学发现都是一步步做出来的，到了某个水准，每个人做出贡献的差别很细微。影响到底哪个人能有重大发现的因素很多，诸如天资、努力，或者还有机遇。我建议搞物理、化学的青年，看一看法拉第、达尔文的传记，包括我知道的其他著名科学家，没有一个人不是把全部精力花在科学上的，真正是不计成败、全力以赴。我一向对中国的历史非常有兴趣，可是不要说研究，连看几本历史书的时间都没有。大部分时间都在实验室里，一心想怎样形成自己的物理观念，怎样选择仪器、搞出成果，怎样做得比别人更快、更精确。”

丁肇中以能长时间连续工作而闻名。

“我完全靠工作来激发充沛的精力，工作就是我的兴趣，兴趣使我不会疲倦。”

名震寰宇的、由丁肇中主持的 AMS 太空物理实验国际合作计划，随着阿尔法磁谱仪搭载发现号航天飞机的成功升空，揭开了人类在太空探索宇宙之谜的序幕。

这个宇宙探测器观测到了原初宇宙线粒子，包括质子及各种原子核，也观测到了反质子。但观测到反质子并不等于观测到了反物质。

AMS-01 遨游太空 10 天后，带回了宇宙中正电子数与负电子数相差四倍这一令人不解的实验信息。素以敢于冲破常规、大胆创新而著称的丁肇中，对此持十分谨慎的态度。

正电子数与负电子数为什么不相等？宇宙中究竟存在什么样的奥秘？丁肇中认为“这起码是对传统物理观念的一次冲击”。

科学的发展永远不会停步。现代科学技术的发展日新月异，正以越来越壮阔的势头奔腾向前。20 世纪以来，自然科学的发展已在更加广阔的范围和更加深刻的程度上揭示了自然界的奥秘。

21 世纪是中华民族伟大复兴的世纪，新的科学技术发展潮流对我们提出了严峻的挑战：或者追赶上去，跨越创新，缩小我们同世界先进水平的差距；或者犹豫不前，被潮流甩到后边。毫无疑问，我们只能作前一种选择。

丁肇中非常关注祖国的教育事业。他说：“对一个国家、一个民族来说，教育是最重要的。”他举例说，200 多年前，瑞士是欧洲最贫穷的国家，后来他们集中力量办最好的学校，邀请世界上第一流的学者、教授前去居住、讲学。因此，虽然他们的自然资源很有限，却很快成为世界上非常发达的国家之一。

如今，丁肇中站在世界科学最前沿，主持着全世界规模最大的科学实验计划，带领来自世界各国的数百名物理学家，不断取得举世瞩目的重大进展和新的突破。

科学史一再昭示人们：谁能在科学攀登的征途上把握历史赋予的机会，锲而不舍，谁就会获得意想不到的收获。

令人振奋不已的是，丁肇中还特别强调“要让中国的青年一代了解世界最先进的科学是什么，应以什么样的态度来对待科研工作”。他“热切希望中国年青一代能迅速成长，出现一批真正的科学巨人”。

早在 20 世纪 80 年代初，我就怀着对丁肇中教授十分敬慕的心情，收集并研究了有关丁肇中生平事迹的大量资料，在著名物理学家、中国科学院副院长钱三强教授和中国科学院院士唐孝威教授的赞同和支持下，开始了丁肇中传记的写作。丁肇中奋发成才的艰辛历程深深地激励着我，书稿历时十余年，经过多次补充和反复修订，现以崭新面貌奉献给广大学子和青少年朋友，相信会有积极的现实意义。尤其是当前在青少年中深入开展的社会主义荣辱观的教育中，更需要学有榜样、赶有目标。

在整个撰写过程中，我有幸得到丁肇中教授提供的大量资料，还得到与丁肇中教授长期合作共事的中国科学院院士唐孝威教授，以及丁肇中教授的姑母丁侃、丁丹、丁绘原诸位先生和华东师范大学物理系朱伟教授热情的指导和帮助，同时受到了丁肇中的父亲、台湾大学丁观海老教授的高度评价和鼓励，他为在台湾出版的《丁肇中的成功之路》一书的中文繁体本提供了多幅珍贵照片，使我铭记难忘。山东日照市民政局原副局长辛崇法也提供了许多有关素材和资料。在此特向他们致以真诚的谢意！

周金品

2006年6月于北京

MASSACHUSETTS INSTITUTE OF TECHNOLOGY
LABORATORY FOR NUCLEAR SCIENCE
CAMBRIDGE, MASSACHUSETTS 02139

April 10, 1984

Mr. Zhou Jin Pin
Information Institute of
Agricultural Science and Technology
Chinese Academy of Agricultural Sciences
30 Baishiqiao Lu, Xijiao
Beijing, People's Republic of China

Dear Mr. Zhou:

How are you?

I wish to thank you for the article you have written in the magazine KEYUAN. The article is very precise. I enjoyed reading it very much and I wish to thank you for this.

With best regards,

Samuel C.C. Ting

丁肇中教授致作者周金品先生的信

目　录

一　战火中的童年

中国血统美国国籍

美国第二十六州密歇根州，是一个风光秀丽，水土肥美，物产丰富，农、林、牧、渔、工矿、交通各业发达的好地方。它的州徽上有一只大角鹿和一只麋鹿，背后半轮旭日正从水平面升起，一个人站在前方的田野里，这些形象象征着密歇根州的资源、人民和财富。州徽顶上的一只鹰象征着联邦政府对州政府的管辖权。州徽上还有三句拉丁语铭文：Tuebor（我要保卫）；Si Quaerie Peninsu lam Amoenam Circnms pice（如果你想寻求一个幽静的半岛，不妨看看你的周围）；E Pluribus Unum（百里挑一）。

州内最大的工业城市是底特律，它以“汽车城”闻名于世界。

1817 年，底特律兴办了一所大学——密歇根尼亚大学，1821 年改名为密歇根大学。到 20 世纪 30 年代，密歇根大学已经是一所具有宏大规模的综合性大学了，拥有文、理、艺术、医、法、牙医、药物、工程、进修、建筑、教育、商业、自然资源、音乐、图书馆学 15 个学院和一个远近驰名的附属医院。

1936 年的 1 月，正是密歇根州的隆冬季节。每隔几天，寒潮就像一群脱缰的野马途经密歇根州南下，四下里，天寒地冻，万物在寒风中瑟缩。然而，密歇根州安阿伯镇的亚柏尔大学医院里，却依然温暖如春，笼罩着一片和平宁静而又紧张的气氛。穿着白大褂的医生、护士们，正在忙着看门诊，查病房，为患者诊断、开方、打针、输液、手术、接生……

这一年的 1 月 27 日，有一位年轻的、荣获硕士学位的中国女研究生，在这所医院的产房里等候分娩。她既牵挂着归国途中的丈夫，又担心第一胎分娩不顺利。好在医护人员照料细心，婴儿终于顺利降生了。年轻的母亲按照同丈夫事先的商定，给孩子取名叫丁肇中。根据美国法律的规定，凡是出生在美国国土上的婴儿，不论他父母的种族、民族、国籍怎样，都能自动取得美国的国籍，丁肇中自然也不例外。

丁肇中的父亲丁观海和母亲王隽英从小青梅竹马，在上海光华大学又是同班同学。大学二年级时，丁观海转学到了上海交通大学，王隽英一直在光华大学读到毕业。

后来两人都在密歇根大学读研究生。丁观海在1934年夏自费赴美研究土木工程弹性力学。王隽英于1935年初春公费赴美留学，攻读儿童心理学硕士学位。同年，这一对有情人终成眷属，在安阿伯举行了婚礼。当夫妻双双修业期满并且取得硕士学位后，立刻归心似箭，恨不得马上能回到中国，用自己所学为祖国效力，并让他们的第一个孩子出生在本国的土地上。可是，丁观海考虑到王隽英身孕已重，临盆在即，如果在漫长的航行中分娩，可能会发生意外。于是，他和妻子商妥：由他先取道加拿大西海岸的温哥华搭船回国，王隽英暂时留下，等孩子出世后再启程。

丁观海在回国之前就已经同河南焦作工学院取得联系，并受到聘请。当他踏上国土时，开学日期已经迫近。他顾不得拜亲访友、游山玩水，就日夜兼程、风尘仆仆地奔赴河南焦作去了。

身在异国的王隽英，无时无刻不在惦记着丈夫，怀念着祖国，待到冰化雪消、大地回春，自己的身体初步恢复时，就急忙告别师友，抱着两个多月的婴儿，在4月初离开了密歇根州。她回国后，立即前往河南焦作同丈夫团聚。襁褓中的丁肇中，开始沐浴到祖国的阳光，呼吸到祖国的空气。

20世纪30年代的中国，天空布满了乌云。日本军国主义者交替使用外交和军事手段，不断鲸吞中国的领土：通过“九一八”事变夺去东北三省；进而通过《塘沽停战协定》，把热河、绥远、察哈尔三省和河北北部划入它的势力范围；然后又通过《何（应钦）梅（津）协定》，把北平、天津和整个河北置于它的势力范围；1935年冬和1936年春，日本军国主义者策动汉奸成立“冀东防共自治政府”和“内蒙自治军政府”。

丁肇中的母亲王隽英

国难当头，民族危亡，所有爱国的炎黄子孙无不义愤填膺，寝食不安。丁观海夫妇在焦作工学院所感受到的，再不是密歇根大学校园里的那种和平、静谧的气氛，这里到处人心惶惶，充满焦虑和悲壮的情绪。

游子思乡，当母亲的更是思念离家多年的儿子。丁观海的母亲除了思念儿子，想念儿媳外，特别想看看那个没有见过面的小孙子。丁观海收到的每封家书都饱含了母亲的热望和深情。可是，当时交通不便，来回颇费周折，回乡的问题在学期中间是无法考虑的。于是，学校一放暑假，丁观海立刻辞掉了焦作工学院的工作，到离家乡很近的青岛山东大学另谋了一个教职。

丁观海一家三口回到了老家——山东省日照县涛雒镇。这是一个有 900 多年历史的古镇，位于黄海之滨，是一个气候温和、土地肥沃的好地方。但是，它跟旧中国的千百个小城镇一样，在“三座大山”的重压下，生产力落后，人民贫困。布满低矮松林的小山丘上，点缀着一座座简陋的房舍，在山坡上、小溪旁，散布着小块小块的土地。丁氏家族明初从外地迁来，后成为这里的名门望族。丁氏大宅院取名为“种德堂”。丁氏家族在日照县是一个大家族，亲戚朋友很多。丁观海留洋几年，学成归国，又已成家立业，亲戚朋友自然都闻讯前来祝贺一番。

丁观海的父亲丁履巽，是一位热心在乡间办学的开明绅士，早年肄业于复旦大学，37 岁时因牙病感染英年早逝，当时丁观海只有五岁。丁履巽的妻子是家庭妇女。他们共有六个儿女：长子丁镒宏，从燕京大学毕业后一直在济南山东师范大学任外语教师；二儿子是丁观海，在他下面还有四个妹妹。

社会上盛传丁惟汾（国民党元老）是丁观海的父亲，其实不然。事实上，丁惟汾只是丁氏同族的一个远房亲戚，而且不住在同一个村上。丁惟汾早年受孙中山民主革命思想影响，参加了中国同盟会（国民党前身），后又介绍王隽英的父亲王以成加入同盟会。王以成在辛亥革命中壮烈牺牲后，丁惟汾就成了王隽英的义父。王隽英公费留美就是由她义父丁惟汾给办理的。丁观海和王隽英先后赴美留学，一个自费一个公费，只相差半年时间。

光阴似箭，日月如梭，一转眼，新学年就要开始了。丁观海只得辞别老母，携带妻儿，到青岛执教去了。

丁肇中一岁时在原籍山东日照与祖母合影

小肇中沐浴着母亲温暖的春晖，幸福地成长着，小胳膊小腿像嫩藕似的又白又胖。他转动着脑袋，用闪闪发亮的大眼睛好奇地打量着周围的世界，不时向逗自己玩的亲人们报以甜甜的微笑。有一天，在大人们的关照下，他身穿棉袍，扶着凳子，一步一步地学着走路。当时，他还不会说话，只会咿咿呀呀地叫嚷，逗得大人们笑得合不拢嘴。在故乡的一年，是丁肇中儿时最幸福、最美好的时光。虽然他当时还不记事，但后来父母说起当时的情景，他仍旧十分神往。

1937 年 7 月 7 日，卢沟桥的炮声震撼了中华大地，震动了中国人民的心。日本全面侵华战争开始了！中国人民全面抗战开始了！

北平、天津等华北的许多重镇接二连三地沦于敌手。丁观海眼见战火正往山东蔓延，家乡不可久留，于是下决心带着妻儿逃难。

逃难岁月

丁观海夫妇回乡不过一年光景，又要匆匆别离。而且这次不像上次赴美留学，算得出回来的年头，这一次是逃难，不知要到何年何月才能重返亲爱的故乡！天昏昏，路漫漫，何处才能找到安全的栖身之地呢？他们想到南京有一些亲戚、朋友，也许在那儿能找到一个落脚处，于是收拾了简单的行李，告别了亲友，带着只有一岁半的小肇中，加入络绎不绝南逃的难民行列中，开始了动荡不安、饱暖不定、颠沛流离的逃难生活。

1937 年 8 月 12 日，他们一家三口到达南京。第二天，上海“八一三”的炮声就响了。日本侵略军大举进攻上海，中日双方展开了激烈的战斗。同时，日本飞机开始对南京进行狂轰滥炸，南京已不是可以久留的地方。于是，丁观海扶着即将临产的妻子，背着小肇中，逃到了安徽芜湖，在这里，妻子又生下了第二个男孩丁肇华。然而时局紧张，芜湖也不能久待。于是，不等二儿子满月，丁观海一家四口就渡江北上，逃到了皖北重镇合肥。

11 月 12 日，上海经过三个月的血战，不幸沦入了敌手。一个月后，南京在日寇四路围攻下也失陷了。日寇攻占南京以后，进行了一场骇人听闻、惨绝人寰的血腥大屠杀，三十多万中国军民惨死在日寇的屠刀下！

丁观海得知上海、南京相继失守，看到东南半壁河山逐渐沦入魔掌，神州大地满目疮痍，觉得走投无路，加上他又放心不下家中的老母，遂决定重返家乡。征得妻子的同意之后，夫妻俩各背着一个孩子，离开停留了三个月的合肥，冒着危险，越过战线，历经千辛万苦，重新回到了山东日照老家。

然而他们没有料到，到家后的第二年（1938 年）初，滨海小县日照城中，也升起了血红的“膏药旗”。丁观海夫妇是有爱国心的知识分子，他们不愿坐当亡国奴，暂时避居到乡下，一心想着外逃。挨到 4 月份，他们好不容易找到一个机会，同孩子的姥姥一起带着两个孩子再次离开日照县，跟随一批热血青年逃出了沦陷区，途经海州和郑州，经过三个多月的长途跋涉，来到了华中重镇汉口。在这里，丁观海意外地遇见了他的二妹丁侃。亲人在战乱中相逢，更是格外亲切，丁侃当时在抗日学生救亡团体里工作。后来丁观海打听到山东大学和山东医学院已迁到了四川万县，于是他立刻带着家属，乘船离开汉口，赶到了万县。丁观海在迁到万县的山东大学教了一个学期，同年 12 月，就只身前往当时的“陪都”——重庆联系工作，得到重庆大学的聘请。随后，王隽英同母亲一起，带着肇中、肇华也到了重庆，在郊区沙坪坝的重庆大学教师宿舍里安顿下来。不久，王隽英受聘于西南教育学院（四川师范大学的前身），他们全家随即又搬到了磁器口教育学院的宿舍居住。

三岁的肇中，经过一年半的逃难生涯，面容消瘦了，皮肤晒黑了，但是一双眼睛闪着懂事的光芒。他虽然还不懂得帝国主义侵略战争的残酷和世道的艰难，但是，流浪生活的艰辛让他幼小的心灵已有所触动。社会课堂，往往要比书本深刻得多。

重庆位于长江上游，在长江同嘉陵江的汇合处，是西南重镇。街市依山傍水，随着山势起伏；街道两旁的店铺大都用木板钉成，从河边望去，能看到它们耸立在挨近悬岩的几丈、十几丈高的木桩顶上，仿佛是一幢幢高楼。从河边的轮船码头进入市区，要爬很高的一段陡坡。街道是沿着山

丁肇中四岁时与父母弟妹在重庆大学留影

坡修建的，很少有平直的大街，无怪乎人们都称重庆为山城。

“七七事变”后的第二年秋天，国民党的中央政府和许多机关迁到了这里。于是，重庆成了“陪都”。无数的“下江佬”“北方侉子”涌进四川，来到了重庆，南腔北调和四川口音混杂到一起，使重庆的市面空前地热闹起来。饭店、旅馆、剧场、影院、舞厅、酒吧、赌场、妓院等如雨后春笋一般纷纷出现。在这山河破碎、哀鸿遍野的时候，官僚政客、富商们大发国难财，依然过着灯红酒绿、纸醉金迷的腐朽生活，正所谓“前方吃紧，后方紧吃”。重庆处在远离前线的大后方，似乎超然于战争之外。可是，战争并没有忘记重庆，日本飞机三天两头飞到重庆上空来投弹轰炸，进行骚扰。每逢鬼哭狼嚎般的警报声拉响的时候，人们就顿时变得六神无主、坐卧不宁，总想找个安全的避难所躲藏起来。不少人带着金银细软、全家老小往防空洞里钻，殊不知防空洞并不保险，有时甚至成了活棺材、万人冢……

日本飞机对重庆进行空袭，是从 1939 年 5 月 3 日开始的。1940 年 5 月

20 日的一次大轰炸，酿成了震惊中外的大惨案——大隧道内的避难者全部窒息而死。

丁肇中的家在磁器口，这里是郊区，比起市区来，多少要安全一些。从这里还可以俯瞰碧绿、秀丽的嘉陵江。

一天早上，肇中换上姥姥浆洗干净的衣服，背起爸爸给他买来的新书包，书包里装着妈妈给他准备好的铅笔、课本和练习本，同邻家的孩子一道，蹦蹦跳跳地跑到离家不远的一所小学上学去了。他很喜欢读书，在家里，他见过爸爸的书、妈妈的书。书在他们家里是受尊敬的客人，是受欢迎的朋友，是受珍爱的宝贝。现在，他有了自己的书，就像有了一个形影不离的伙伴，永远伴随着他。

今天，他第一次来到学校。上课铃响了，一位女教师走进课堂，教室里顿时安静下来。她拿起点名簿，一个一个地叫名字，一个一个地记认模样。然后，开始给他们上第一堂课。肇中端端正正地坐在自己的座位上，两眼眨也不眨地望着老师。他觉得，老师的话是那么生动有趣，那些娓娓动听的讲述，像是一首美妙动人的歌。正当他听得津津有味的时候，突然响起了警报声。这尖利刺耳的声音搅乱了课堂的宁静，仿佛撕裂着五脏六腑。一位工友慌慌张张地跑来通知老师说："快让孩子们回家去，东洋人的飞机丢炸弹来啦！"第一天的学习，想不到就这样半途而废了。

此后，警报经常不断，课程时断时续地上了几个星期，不得已，校长把全体师生召集起来，正式宣布："敌机空袭频繁，为了学生的安全起见，从即日起，暂时停课。"

肇中气喘吁吁地跑回家里，正碰上爸爸拿着提包要去大学讲课，他连忙说：

"爸爸，爸爸，我们放假了，校长说了暂时停课。"

丁观海听了，不由得摇头叹息说："孩子，你真是生不逢辰啊！"

肇中上不成学了，只好待在家里。丁观海在重庆大学和复旦大学两处任课，忙得顾不上儿子。王隽英到重庆后不久，生了一个女儿肇民。她从 1941 年起在四川教育学院教课，课余时间就来为儿子补课。她是学儿童心理的，懂得怎样指导儿子学习。而且她是个做事认真、一丝不苟的人，每一个字、每一个句子都只有在儿子完全掌握了以后，才继续教下去。然而频繁的空袭造成生活和思想上的不安定，影响着教学的效果。加上母亲工作繁忙，能挤出来给儿子补课的时间很少，因而薄薄一本小学一年级课本，肇中竟学了两年多。

抗战时期的内地大学，学生人数比教师人数多不了多少，大家的生活都相当清苦。但是，忧患中的人们反而更容易彼此接近。在假日和业余时间里，常有同事和学生登门拜访丁氏夫妇，偶尔还有流亡的学生前来访问和借宿。

大家聚到一起，就不免天南地北、海阔天空地畅谈起来。他们谈论战局、针砭时弊、研讨学术上的问题，津津有味地讲述各个地方的风土人情、逸闻趣事。

肇中、肇华、肇民三兄妹平时大多待在屋子里，哪儿也不去，电影院、戏院和其他娱乐场所都同他们无缘。因而，听大人们谈天说地就是他们最大的乐趣，也是他们获得知识的一个重要渠道。他们从大人们的口中了解到，我们的祖国十分辽阔和富饶，我们的人民非常聪明和勤劳，可惜，自从鸦片战争以来的一百年间，备受帝国主义列强欺凌和宰割，又割地又赔款，主权沦丧。如今，日本强盗怀着狼子野心，妄想一举灭亡中国。

他们也和当时的青少年一样，满怀激情地高声歌唱“中国不会亡”“打回老家去”“大刀向鬼子们的头上砍去”。他们是亿万中国人民中的一员，“誓死不做亡国奴！”“最后的胜利是我们的！”，这是中华民族从心弦上奏出的最强音。

每逢炎炎夏日，肇中常常与几个少年伙伴结伴来到嘉陵江畔，纵身跃入碧波荡漾的江水中游泳嬉耍。有一天，肇中游泳时不小心多呛了几口江水，回到家中不久就发起高烧，送进医院经医生检查后确诊为伤寒。这一突如其来的病魔立刻给全家蒙上了重重阴影。他的父母曾不止一次地收到医院送来的病危通知书。然而幸运的是，在父母日夜精心呵护下，小肇中的病情奇迹般地一天天好起来，终于逃脱了死亡的威胁，转危为安了。

七岁那年，丁肇中跟随父亲参观了一个在重庆举行的工业展览会。展览会上那些新机器和工具对他产生了极大的吸引力。从用途到性能，丁观海都耐心地给他讲解，增长了他的知识，扩大了他的视野，也激起了他的好奇心。展览会上许多新奇的东西，在肇中幼小的心灵上播下了一颗爱科学的种子。

在肇中八九岁的时候，父亲从大学回到家里，常常给他讲述 19 世纪及 20 世纪一些伟大科学家，如法拉第（M.Faraday）、牛顿（J.Newton）、麦克斯韦（J.C.Maxwell）、爱因斯坦（A.Einstein）、希尔伯特（D.Hilbert）和冯·卡门（T.von Kármán）的故事。他们的成就以及丁观海讲述时表露出的那种景仰、崇敬的神情，给肇中留下了很深的印象。可能正是由于童年时的这些印象，使丁肇中立志以后要成为一名科学家。

1945 年 8 月 15 日，日本天皇宣布无条件投降。9 月 3 日，日本政府的代表正式签订了投降书。至此，持续 14 年之久的抗日战争终于以中国人民的胜利而告终了。抗战的胜利是一百多年来中国人民抵御外敌侵略第一次取得的完全胜利。

从 1939 年到 1945 年的这六年，丁肇中是在重庆度过的。从三岁到九岁，正是儿童受教育的良好时机，但他却没有机会受到正规的教育。尽管从家庭教育中获得了某些补偿，也还是会给以后的学习带来一定程度的影响。不过，他从战争环境中也学到和懂得了不少在和平环境里学不到的东西。在中国人民抗击日本侵略的年代里，涌现出了许多可歌可泣的民族英雄和无畏勇士，他们的事迹连同撼人心弦的抗日歌曲一起，在肇中幼小而敏感的心灵上留下了永生难忘的印象。

丁肇中后来在回忆这一段经历的时候说，他的父母在他出生后不久，就因为日本侵略中国而回国了，他们是激于爱国热忱而决定回国的。

当人们问他对战争的感想时，丁肇中总是风趣地说："它的好处是我可以不必上学了。"

不甘落后

抗战胜利后，丁观海一家六口离开重庆，到达了南京。当时，肇中的祖母移居青岛。为了就近照顾老母，丁观海在山东大学执教的同时又接受了善后救济总署鲁青分署的聘请，偕同岳母一起带着老人朝思暮想的长孙肇中，来到了青岛，而王隽英仍留在南京工作。

经过八年离乱，祖孙三代又欢聚一堂，共叙天伦之乐了。

抗日战争虽然取得了胜利，但是许多难民仍然生计无着，他们露宿街头、衣衫褴褛、形容枯槁的惨状，深深地印在肇中的脑海里。丁肇中进了一家德国修女办的教会小学，继续未完成的学业。由于母亲不在身边，家务全由姥姥为他们操持。

肇中的外祖母是个有志气、有修养的女性。外祖父王以成早年曾追随孙中山先生干革命，在辛亥革命中不幸牺牲，当时外祖母正怀着王隽英。到了三十三岁时，她毅然入学念书，后来当了小学教员，亲手把王隽英培养成人，让她受到良好的教育。现在，外祖母又担当起管教外孙的责任了。在肇中的心目中，外祖母是勇敢、坚强、有见识的女性。他对外祖母既畏惧，又尊敬，还特别爱听她讲故事。外祖母活像一个故事篓子，肚子里总有讲不完的故事。他哪里知道，外祖母讲的许多故事中，有一些正是她的亲身经历呢。

肇中上课的这所小学，课程进度较快，同学们大都能按部就班，跟上进度，取得较好的考试成绩。可是，肇中由于在战时的重庆没有受到过正规教育，突然来到教规严格的教会学校，自然很不习惯。对学校他没有兴趣，所以，要想跟上进度更是困难。面对这种情况，父亲没有打骂他，也没有训斥他，更没有一味枯燥地说教，而是跟他一起讨论在校学习与不在校学习的优劣，想方设法激励他学习的兴趣。肇中很快就意识到，自己已经远远落在同班同学的后面了。

可是，他有一股强烈的求知欲，有一种可贵的好胜心。他不甘落后，拼命用功，填补自己知识上的不足，决心赶上进度。这时的肇中，小小的年纪，竟感到时间不够用了，什么玩耍、娱乐，全都顾不上了。

家乡的春节是热闹的。肇中在青岛度过了 1946 年和 1947 年的两个春节。每逢新春佳节，肇中的堂兄妹们就到青岛来给祖母和伯父拜年。闲来无事，他们总喜欢拉着肇中一道玩牌。肇中平素把玩牌看作不正当的娱乐，从不肯在这上面费时间、动脑筋，可是，堂兄妹是远道而来的稀客，情不可却，只好勉强陪着玩玩。每次玩牌，肇中几乎都是输家，因为他不肯在玩牌中多动脑筋。

有一天下午，到了放学时间，肇中还没有回家；到了吃晚饭的时候，仍然不见踪影。家里人急得如同热锅上的蚂蚁。丁观海赶到学校去询问，发现学校早已放学了，老师和同学谁也说不清肇中的去向。丁观海万般无奈，只得到警察局去报了案。正当全家人急得不可开交的时候，肇中却背着书包，乐颠颠地回来了。原来，这天放学后，他从一家电影院门前经过，看见很多人正在朝里边走，得知电影刚刚开演。他心想：自己长到十岁了，却从来没有看过电影，从来没有领略过它的奥妙。过去，他只是从大人们的口中听说过，电影里的影像，怎样会活动，会说话，就跟真人一样。现在机会来了，好奇心驱使着他，决心要开一开眼，就跟着几个去看电影的人一道进去了。这是他有生以来第一次接触到人类的一项伟大发明。银幕

丁肇中十岁时，由父母携同在青岛一家照相馆中合影

上一个接一个迅速变换的镜头，使他感到眼花缭乱、目不暇接。电影故事形象生动，就跟真人真事一模一样。科学技术创造了何等的奇迹呀！这魔术般的奇迹使他欣喜若狂，站在那儿，简直看呆了。他分享着剧中人的喜怒哀乐，将近两个钟头过去了，却一点也不觉得累和饿，也根本没有想到会给全家招来那么大的一场虚惊。

肇中在青岛住了将近两年。1947 年下半年，母亲把他接到了南京，他就在母亲教书的那所高等学校的附属小学念书了。

丁肇中的母亲从来不强迫他念书，不把两眼紧盯在“考分”上，也从不鼓励考什么“第一名”，而总是激励他的兴趣。因为她懂得，任何兴趣都不是与生俱来的，而是在一定的环境和文化氛围中产生和形成的，并且又具有很强的变异性和可塑性。人在少年儿童时期形成的兴趣，即早期的兴趣，往往会影响到他一生的志向。

1948 年春天，丁观海来到了南京。同年初冬，他应台南工学院（成功大学的前身）之聘，独自一人去了台湾。不久，王隽英同母亲一起带着三个孩子，也到了台湾。他们一家六口在台中市住下，这一年，肇中刚刚十二岁。

二 “我要探寻自然的奥秘”

万丈高楼平地起

台湾是一个气候温暖、雨量充沛、土地肥沃、物产丰富的好地方。一千多年来，经过我国东南沿海地区移民和当地高山族人民的共同开发，成了美丽而富饶的金银岛、鱼米乡。外国侵略者曾经几次入侵台湾，但都被中国人民赶走了。明末，民族英雄郑成功从荷兰侵略者手中收复台湾的光辉业绩，至今还在民间传颂。在日本帝国主义强行霸占台湾的 50 年间，台湾人民反日武装起义此起彼伏，接连不断。第二次世界大战以后，台湾才重新回到了祖国的怀抱。

1948 年，丁肇中一家居住在台中市。台中市位于富庶的台中盆地中央，是台湾中部的经济和文化中心，南北铁路干线从这里通过。丁肇中的父亲丁观海在台南市的台南工学院任教，因为教学工作繁忙，加之离家较远，只有周末或假期才回台中市同家人团聚。

1948 年，伴随着寒冬的离去，新的学年就要来临了，台中市的各个中小学都在张榜招生。丁肇中的妈妈王隽英很关心儿女的学业，大儿子今年高小毕业，该上中学了，于是，她领着肇中来到了丰原中学报考初中一年级。但仔细看过初一的课程表之后，她的心不禁凉了半截：肇中名义上是个高小毕业生，可是，由于连年战争和频繁迁移，实际上并没有学到多少东西。俗话说“根深才能叶茂”，小学的基础不打扎实，学习中学的课程就不能得心应手，很难学深、学透。何况，在被日本统治的 50 年间，台湾建立了一套非常刻板而严格的教育制度，各种课程的作业、测验、考试，一个接着一个，日程排得满满的，基础不牢固的学生对这一套是吃不消的。

王隽英同丈夫商量并征得儿子的同意后，主动让儿子留了一级——再读一年小学六年级。就这样，她让肇中进了大同小学六年级。

肇中深深懂得，这一年是关键的一年，能不能跟上这里的学校进度，能不能考上中学，全要看这一年的功夫下得如何了。他没有兄姐可以求教，而且在这个人地生疏的地方，也没有好朋友可以求助，除了母亲可以给些指点外，主要还得靠自己。他完全放弃了作为一个孩子应该享受的游戏、玩乐。早晨一跳下床，就赶紧洗脸、刷牙，紧接着就读语文、背诗词。下午放学回家，吃过晚饭，玩一会儿，赶紧做当天的作业。无论是语文的练习、作文，还是算术的习题和常识的问答，他都一丝不苟地按时完成，就连节假日也用来补习过去基础薄弱的功课。

丁观海见儿子太用功，便劝他适当出去玩玩，看看电影。当时的台湾银幕上，充斥着美国好莱坞的色情片和惊险打斗的侦探片。不少年幼无知的孩子，因为看电影中了毒，想入非非，误入歧途，走上堕落、沉沦的道路。丁肇中对这类电影不感兴趣，他一本正经地对父亲宣称：

“看这种电影，是金钱上和时间上的浪费，尤其是时间，那是最浪费不起的。”

一个12岁的小孩子，竟然说出这样一番大道理来。丁观海听了，不禁高兴得“噗”一声笑了。

但是，王隽英仍然常常告诫肇中：

“你不管做什么，一定要努力奋斗，要成为一个佼佼者。”

佼佼者，就是出类拔萃的人，就是“行行出状元”一语中的“状元”。要成为这样出类拔萃的人才，只有吃大苦、耐大劳，锲而不舍、百折不挠地奋斗，才有可能达到目的。很小的时候，肇中就听大人讲过“龟兔赛跑”的故事。本来，乌龟是根本跑不赢兔子的。可是，兔子骄傲自满，跑到中途便睡大觉去了。乌龟虽然爬得慢，却毫不松懈地拼命向终点爬去，居然夺得了锦标。小肇中嘲笑那只自满的兔子，佩服那只埋头苦干的乌龟。他想，做事情“不怕慢，只怕站”，只要认准目标，一往直前，再远的路程也是可以走完的，再高的山峰也是可以攀上去的。

在母亲的严格要求下，丁肇中从不学那种好高骛远的孩子——还没有学会走就要学跑，贪多嚼不烂，囫囵吞枣。他一定要学会了前面的再学后面的，一步一个脚印，决不马虎。“功夫不负有心人”，这一年，他经过刻苦努力，把小学的基础打得扎扎实实。

1949 年夏，丁肇中一家迁居台北市。台北市位于台北盆地中央、淡水河畔，是台湾省的政治、经济、文化、交通中心和第一大城市。同年秋，肇中以优异的成绩考入了成功中学。一年后，又转学到了建国中学。

建国中学不仅是台北市首屈一指的学校，而且也是台湾省第一流的学校。肇中凭着自己的努力，通过了转学考试，从成功中学转到了建国中学初中二年级。

建国中学十分注重学生的学习成绩，学生的分班就是以学习成绩为依据的。成绩优异的学生编入甲班，稍差的编入乙班，往下依此类推。肇中被编入初二甲班学习。

建国中学的老校长在开学典礼上，语重心长地勉励学生们说：

“大家要努力上进，奋斗的目标就是做一个出类拔萃的学生。自古以来，成大事者不但要有高超的才能，而且还必须要有坚忍不拔的毅力。”

丁肇中一边聆听着老校长的金玉良言，一边悄悄地环顾同学们，心想：一场无声的学习竞赛就要开始了，自己一定要刻苦学习，全力以赴，争取“出类拔萃”。

初二甲班的教师都是造诣较深、经验丰富的老教师。几何、化学、英语和中国历史四门功课讲得尤为出色。

不过，这里考试之频繁远远超过了一般中学，什么课堂测验、小考、中考、大考，接连不断。门门功课都有不少课外作业，学生们简直没有喘息的工夫。

在学习的过程中，丁肇中有两个薄弱环节：一个是国语，一个是英语。由于在小学的时候，这两门课程的基础打得不够好，现在他可尝到了苦头——成绩总是落在同学们的后面。

不过，他也有几门拿手的课程：数学、物理、化学和中国历史。

丁肇中就读建国中学初中时摄

他对中国历史这门课有着浓厚的兴趣，好多章节都牢记在心，这都源于他对祖国的热爱。中国是世界四大文明古国之一，那悠久的历史和灿烂的文化使他感到十分自豪。可是近百年来，中国遭受列强的欺凌和宰割，被迫签订了许多不平等条约。一想到这些，他就感到痛心和屈辱。抗日战争时期的逃难生活，祖国遭受的蹂躏和创伤，劳动人民的辛勤和贫困，这许许多多的印象像散乱的珠子，现在，被中国历史课这根丝线串联在一起了。同时他也看到了中华民族的伟大生命力：几千年来，不断改朝换代，屡遭异族入侵，历尽盛衰兴亡，但她总是昂首屹立在世界的东方。一切妄想征服她、奴役她的人，到头来只能碰得头破血流。

数学、物理、化学跟小学的功课关联很少，又都是自然科学，不仅要靠记忆，更要靠理解。丁肇中学起数理化来感到得心应手，因为他从小养成了勤学好问、寻根究底的好习惯。

当在课本上、作业里、实验中遇到疑难问题的时候，他是绝不肯轻易放过去的。或是找同学讨论，或是向老师请教，直到把问题弄得水落石出，才肯罢手。

1950 年春天，丁观海从台南市成功大学转到台北市台湾大学工学院土木工程系担任教授，把家从重庆南路台湾省公务局宿舍搬迁到泰顺街一所比较宽敞的住宅。为了让儿子能更好地学习，他特意为肇中开辟了一个豁亮的大房间作为书房兼卧室。从此，肇中有了自己单独的学习天地，他可以在这里潜心攻读，也可以在这里跟同学们展开热烈讨论。

衡量学习成绩的标准之一是分数。分数是一个有趣的东西，它像一面镜子，反映出人们在学习上的优点和不足。高分数，像奖旗，给人以鼓舞，叫人越学越爱学；低分数，像皮绳，给人以鞭策，催人发奋赶上去。它对循序渐进、脚踏实地的人非常慷慨，却对投机取巧、不肯用心的人十分吝啬。高分和兴趣能够互相促进，形成一个良性循环。

然而，丁肇中在学校里无论考多少分，都不会受到父母的指责，他们没有要求肇中一定要考第一名。随着年岁的增长，自然科学的魅力对丁肇中的吸引力也越来越大了。他感到自己在自然科学中寻找真理，要比在历史学中更有把握。

丁观海见儿子喜欢自然科学，于是一有空闲就兴致勃勃地和丁肇中谈论科学家们的生平和他们的伟大贡献。从牛顿到爱因斯坦，这些故事使丁肇中在上中学期间就开始认识伟大科学家们的工作和成就，受到了深刻的科学启蒙教育。

公元 1642 年，被称为“科学之父”的伽利略（G.Galilei）去世了。伽利略制作的世界上第一台望远镜，可以观测到月亮上的山和“海”，但是，他发现月亮并不是想象中那么美好，那么“皎洁无暇”，而是一个“满脸麻子的美人”。它打破了亚里士多德（Aristotle）的“天体完整无缺”的理论。说来也巧，就在这一年，牛顿诞生了。

牛顿从小并不聪明，但他喜欢做手工，制作了不少风车、风筝，以及计时用的日晷、漏壶，都十分精巧。由于功课不好，牛顿常受到同学的嘲笑。13 岁那年，他把自己做的风车拿到学校，却被同学拆得粉碎。自从受到这次羞辱之后他就发奋读书，终于门门功课都达到了最优等。14 岁时，他辍学在家，帮助母亲耕种。一天，他在篱笆旁读数学时，被舅舅发现，舅舅向牛顿的母亲建议让他继续上学，这样他才一直读到大学并取得学士学位。后来，他的巨著《自然哲学的数学原理》成为近代科学史上最重要的著作之一。在这部书中，牛顿提出力学三大定律和万有引力定律，成为一代又一代科学革命的顶尖人物，而当时英国的青年科学家更是把牛顿视作自己的楷模。

丁观海在谈论牛顿成功的原因时说，牛顿充分应用了数学这个工具，同时又特别重视实验的论证和检验。可以说，在他的科学活动中，绝大部分时间都是在光学、力学乃至化学实验室中度过的。他很少在夜间两三点钟以前休息，有时一直要工作到清晨五六点钟才去睡觉。特别是在春天或落叶时节，他常常连续六个星期留在实验室中，不分昼夜，直到完成他的实验。

丁肇中正听得出神，若有所思的时候，丁观海却把话题突然转到了现代物理学的创始人之一——爱因斯坦。当丁肇中听说是爱因斯坦的故事时，他简直高兴得拍手鼓起掌来。

丁观海先从这位最伟大的物理学家的一段经历讲起：

爱因斯坦

1933 年，50 多岁的爱因斯坦因受德国法西斯迫害，迁居美国，接受普林斯顿等学术研究所的邀请并取得美国国籍。1939 年，当他得知德国人首先发现核裂变并有可能研制核武器的消息后，经同事们劝说曾写信给罗斯福总统，建议美国政府立即着手研制原子弹，指出如果这件事被德国领先将会带来可怕的后果，也就是说，美国必须抢在德国之前造出原子弹，才能避免一场原子灾难。由于爱因斯坦在科学界享有很高的威望，罗斯福很快就批准了一项研制原子弹的曼哈顿计划。1945 年 5 月 2 日，苏联红军胜利攻克柏林，德、日、意法西斯只剩下日本仍在苟延残喘。7 月 16 日，美国在新墨西哥州阿拉默果多空军基地的一个偏僻地区成功进行了历史上第一次核爆炸试验。距此仅 20 天时间的 8 月 6 日下午，美国一架 B-29 轰炸机在日本广岛投下第一颗原子弹，8 月 9 日在长崎又投下第二颗原子弹，造成日本近 20 万居民丧失了生命。8 月 15 日，日本宣布无条件投降。

听到这里，丁肇中惊讶地说："原子弹的威力真大啊！"

丁观海点了点头，又接着说："人们之所以称爱因斯坦为核物理的奠基者，仅仅是认为他提出的质能方程 $E=mc^2$，奠定了核物理的理论基础。"

20 世纪初，爱因斯坦在进行相对论的研究时，发现了质量与能量相互联系的规律，即物质粒子可以转变为巨大的能量。这个规律可表达为下列公式：

$$E=mc^2,$$

即

$$能量=质量\times光速的平方$$

这个公式告诉我们：一定质量的改变必定伴随一定能量的改变。如果原子核在发生裂变或聚变反应的时候，质量消失了一部分，那么它所发出的能量，就等于损失的质量同光速平方的乘积。计算表明，1 克铀 235 如果全部发生核裂变，它所放出的能量，大约等于燃烧 2500 千克优质煤所得到的能量；1 千克铀 235 产生的爆炸力，相当于2万吨TNT炸药。质能相当性使质量守恒定律和能量守恒定律统一成为一条定律。半个多世纪以来，它是原子弹以及一切原子能应用的理论依据。

爱因斯坦这个公式带来了一次伟大的科学革命。可是，爱因斯坦并未想到伟大科学革命的第一次实践竟使广岛和长崎变成了焦土和死城！

丁肇中听到这里感到有些困惑，于是，他向父亲发问：“究竟是什么原因使爱因斯坦取得如此非凡的成就呢？”

丁观海答：“是他特有的勤奋。用他自己的话说：‘我没有什么特殊的才能，不过喜欢寻根刨底追究问题罢了’。”

丁观海沉思片刻，接着讲道：

爱因斯坦从小生活在一个穷困的家庭中，到三岁还不会说话，父母还担心他是个傻子。六岁入学后同学们都看不起他，老师也说他“笨头笨脑”。到中学时，爱因斯坦对数学产生了浓厚兴趣，12岁时便证出了毕达哥拉斯定理；16岁时写出了第一篇题为《关于磁场中的以太的研究现状》的论文。

爱因斯坦在艰苦的环境中仍坚忍不拔地学习，他上大学时由于没有钱，只能勒紧裤腰带度日，却把全部精力花在学习上。有时看书看得头昏眼花，饥肠辘辘，就到外边随便吃点东西。大学毕业后就失了业，那时他过的生活用他自己的话说就是“比驴子还不如”。后来，在朋友的帮助下，才好不容易到一家专利局当了个小职员。他一面研究送到专利局来的各种发明专利，从中汲取知识；一面利用业余时间博览群书，进行思考和理论物理的研究，常常直到深夜才歇息。繁重的家务劳动，不仅没有压垮他，反而使他练就一种奇妙的本领：常常左手抱着自己的孩子，右手却做着各种计算，在脑子里转动的只有分子、原子、光量子、空间、时间和以太。

1905年，26岁的爱因斯坦在总结大量实验的基础上，创立了举世闻名的狭义相对论，动摇了19世纪以前在物理学中一直占统治地位的牛顿经典力学，为现代物理学奠定了坚实基础。

经过10年的潜心研究，1916年，37岁的爱因斯坦发表了《广义相对论基础》。其中心思想是，引力并不是牛顿所说的力，它只是因质量的存在而引起的时-空连续场的弯曲。这个理论为英国皇家学会科学考察队所证实。这为他赢得了巨大的国际声誉。

第一次世界大战后，爱因斯坦周游世界，有时讲学，到过欧洲、中东、亚洲、南美洲。他在上海时接到瑞典皇家科学院的电报通知：由于他对光电定律和理论物理方面的贡献，被授予1921年诺贝尔物理学奖金。这时相对论仍然是争论的焦点，因而授奖决议中没有提到相对论。

综观爱因斯坦的一生，是献身科学的一生，他提出的一系列科学理论，在人类对宇宙认识的贡献上是无与匹敌的。他是举世公认的、整个人类历史上的一位科学巨人。

丁肇中从父亲讲述的故事中，开始知道了原子这个名词，以及它的应用和在世界历史事件中的意义。

古人说：“学，而后知不足”。肇中学到的自然科学知识越多，产生的疑问就越多，也就越发感到自己知识的贫乏。多么奇妙的大自然！从微观世界到宏观世界，一切都那么有条不紊、次序井然，遵循相应的规律，又互相渗透、互相依存、互相制约、互相转化。科学界的先驱们为我们揭示了很多自然界的规律和奥秘，可是，人类对自然的认识还有很大的局限，没有认识到的自然奥秘还有很多，很多。

“我要探求自然的奥秘”，还在中学时代，丁肇中就暗暗下定了这个决心。

崇慕法拉第

同其他少年一样，年轻的丁肇中也在苦苦地寻求自己崇仰的人物。那是一个偶然的机会，丁肇中被报纸上的《印刷装订工出身靠自学成才的科学家——法拉第》所吸引，他迫不及待地阅读了如下内容：

丁肇中就读初中时与父亲合影

1804 年一个仲夏的早晨，伦敦街头走来一个报童，他个子瘦小，眉清目秀，虽然穿着打了补丁的衣服，看上去却很精神。他肩挎一包报纸，一面啃着一小块面包，一面快活地哼着歌曲。

报童走进一家点缀着绿茵的庭院，停了下来。

他从挎包里取出一份印工精良的报纸，在镶着铜牌的大门上敲了几下。当时报纸在英国还是一种奢侈品，只有豪门贵族才购买，一般家庭大多是租阅，每周取送一回。

在等候开门的片刻，报童的目光落在身旁的栏杆上，他忽然停止了唱歌，一个有趣的问题在他脑海闪过：“如果我的头伸进栏杆里，而身子还在栏杆外，那我究竟应该算在栏杆哪一边呢？”

正当报童在凝神思索的时候，不料大门打开了。他躲闪不及，脑袋被重重地碰了一下。他的“栏杆难题”没有找到答案，脑门上却鼓起一个青包，惹得开门的女仆和过路人都哈哈笑起来。

这个闹笑话的报童，就是 13 岁的法拉第。

当时目睹这幕喜剧的人谁也没有想到，就是这个被窘得面红耳赤的穷孩子，日后竟成了英国最负盛名的大科学家。

是的，历史上许多杰出人物，出身都很贫寒。他们没有受过良好的学校教育，但是靠着顽强的自学，登上了科学和文化的高峰。

丁肇中看到这里不禁眼前一亮：卖报童以后还能成为大科学家？看来科学家并不是天生的，而要肯动脑筋。他对法拉第越来越崇拜了，正在此时，父亲丁观海给他送来了一本《法拉第传》。这是一本关于法拉第生平及其伟大贡献的书，对丁肇中有强烈的吸引力。

少年丁肇中怀着激情看了如下一段话：

法拉第的父亲是一个铁匠，一家六口全靠父亲打铁为生。法拉第的童年是在饥饿中度过的，有时候一个面包要当一个星期的口粮。由于家境贫苦，法拉第小小年纪就开始谋生。

看到这里，丁肇中不禁想起自己随父母亲为躲避战乱，到处奔波、艰苦谋生的坎坷经历，禁不住泪水满眶，感到法拉第的苦难就像自己的一样。

边看《法拉第传》，丁肇中边写下了一段感想：

法拉第很喜欢独立思考。对于书本的结论，哪怕是著名权威的话，他也绝不轻信。只要条件允许，他总要设法亲自检验一番。法拉第很爱做实验，他的零花钱几乎全省下来买实验用品。钱不够就想其他办法，有时候连饭桌上的食盐也被他拿来做实验了。今后，我也要像法拉第一样，尊重事实，不迷信权威。

法拉第年轻时，记忆力不大好，但他学习很勤奋。由于长期用脑过度，他经常感到头痛。有一次，法拉第找了一名医生看病，要求开点治头痛的处方。这位医生看了看法拉第的神色，什么药方也没有开，只是笑呵呵地说了一句英国谚语："一个丑角进城，胜过一打医生"，就把法拉第打发走了。法拉第听后有点扫兴，但很快就理解了医生的意思——要治好头痛病，就得注意休息。此后，法拉第常去看滑稽戏，还看马戏，常被丑角的滑稽动作逗得哈哈大笑。这个奇妙的药方，果然把他的头痛病治好了。后来，他除了经常看戏之外，还经常带着他的妻子一起到瑞士游览，欣赏大自然风光，他的身体逐渐健康起来，一直活到76岁。

看到这里，丁肇中自言自语道：“必须注意劳逸结合，否则，事倍功半，不仅学习、研究搞不好，身体也会变坏的。”

一个晴朗的早晨，丁肇中站在山坡上，满怀激情地诵读着《法拉第传》的结尾：

……面对花团锦簇的荣誉，法拉第始终虚怀若谷。他从来不把自己看成一个伟人。晚年的时候，英国皇家学会一致推选他当会长。根据他的贡献和声望，这个职位本来是当之无愧的。他的朋友都希望他接受，并且认为只有他才能享受这个最高荣誉。但是，法拉第考虑再三，还是拒绝了。他对朋友说：“我还是始终保留做一个平常的法拉第！”

法拉第一生的最后几年，是在乡间别墅度过的。他没有子女，陪伴他的是忠实的妻子和一个侄女。他平常喜欢坐在窗下，远眺碧绿的草地、树林、农舍和变幻无穷的天空。晚霞布满天际，一轮红日渐渐西沉。到别墅去拜望的朋友，可以看见一位白发飘肃、衣着简朴的老人，坐在门外凝望着田野和壮丽的落日。他的表情恬静，眼里含着快活的光芒。

迈克尔·法拉第

这位铁匠的儿子，横跨一个时代的大科学家，一直到临终都对大自然和人民怀着深挚的热爱。他本人就像一轮红日，把光和热洒满人间以后，静静地沉落。

1867 年 8 月 25 日，法拉第坐在书房的椅子上安详地离开了人世，终年 76 岁。这位伟大的科学家生前一向反对哀荣的葬礼，遵照他的遗言，在伦敦北部的海格特公墓举行了简朴的仪式，只有他的亲人在场。他的坟前只立了一块小小的石碑，表示出迈克尔·法拉第长眠的地方。

没有举行轰动全国的葬礼，也没有金碧辉煌的陵墓，然而法拉第的伟大，却是任何帝王所不能比拟的。他给后人留下的科学遗产，直到今天还在为人类造福。

法拉第的科学贡献和不平凡的经历，给少年丁肇中以极大的震撼。他立志以后也要像法拉第那样，成为被人尊敬和仰慕的科学大师。

无声的竞赛

丁肇中在建国中学就读之后，尽管课程进度快、考试多，但由于他掌握了较好的学习方法，还是能够应付自如。他不再像个书呆子一样，整天足不出户地埋头读书，而是劳逸结合，积极地休息。他加强了身体锻炼，丰富了生活的内容，在提高身体素质、陶冶情操的基础上提高了学习效率。他喜爱的体育运动是打羽毛球、骑自行车和游泳。此外，他还报名参加了学校的合唱团。

可是，他一读起书来，就全神贯注、专心致志，连外边打雷都听不见；他一旦钻研起问题来，就有一股子“打破砂锅问到底”的顽强精神。他常常在课堂上举手发问，但他提出的问题，不是心血来潮，而是经过深思熟虑、百思不得其解才提出来的。对于他的发问，老师们多不敢等闲视之，有的问题连老师都难以回答。初二甲班的数学老师是位有经验的老教师，他指着丁肇中的背影对他的同事们赞赏地说：

"这个学生很有一股子钻劲，他做学问的功夫下得很深，但不是死读书。我教过的学生中也有成绩比他还好的，可是，那些学生学的不活，而且后劲不足，难以进一步深入发展。丁肇中却善于举一反三，触类旁通。问题的难度越大，他的钻劲也越大。"

丁肇中喜欢在课余拉上几个好同学一起，到学校附近的师范大学图书馆去看书，一直待到闭馆才回家吃晚饭。他还喜欢找几个志趣相投的同学一块儿讨论学习上的问题。他虽然言语不多，不太善于辞令，但他的表述思路清晰，条理分明。

风景如画的新店碧潭，是台北市东南郊有名的游览胜地。碧潭流出的溪水，清澈见底，宛如一条玉带。两岸芳草萋萋，绿荫葱茏。碧潭水平如镜，蓝天、白云、岸柳、游人倒映潭中，潭中游鱼三三两两，争相吞食游人投来的糕点渣、面包屑。碧潭和台湾的第三大河——淡水河相连通，如果顺着淡水河下行，可以直达茫茫的大海。每逢假日，丁肇中常常约几个同窗好友来到碧潭郊游，他们在这儿租上一条船，由一两人慢慢划着桨，让小船划破平静的水面，缓缓前进。另一两人尾随在小船的后面，悠然自得地游泳。过一阵子，划桨的人和游泳的人进行互换，饶有情趣。

丁肇中待人诚恳、热情。每次外出，他总是慷慨解囊，抢先付账，兄妹三个人，每月从父母那里领到的零花钱，总是他最先花光。同学们都喜欢接近他。

丁肇中并不满足于会背几条定律，会解几个方程式，也不因为考试获得了高分而沾沾自喜。对几何定理或物理定律，他不但要知其然，而且还要知其所以然，懂得它是怎样推演出来的，可以应用在什么地方。他深知刻苦学习的重要性，他说："一个人在扎根基时，是要狠下苦功夫的。若自幼便学而不思，将来难免流于轻浮。"他懂得时间的可贵，善于科学地分配自己的时间。

他有一句口头禅："时间是最浪费不起的。"1955 年，19 岁的丁肇中以优异的成绩从建国中学高中毕业了。他的数学和化学两门功课都拿了满分，物理拿了 97 分，被校方保送到台南市的成功大学上学。这就是说，他可以不必辛辛苦苦地温课和参加高等学校升学考试，就可以直接跨入大学的门槛。免试直接升入大学，谁遇到这种好事，也会笑逐颜开。可是，肇中听到了这个喜讯，非但没有眉开眼笑，沾沾自喜，反而双眉紧锁，怏怏不乐。因为他心中的理想和目标是全省最好的高等学府——位于台北市的台湾大学。

毕业前夕，同窗学友间互相赠言，共同勉励。在丁肇中的同学录里，有的同学写了这样一些临别赠言：

你头脑里蕴藏着许多智慧，但是，不加以利用，就等于零，所以希望你能努力研究，发现宇宙间从未发现过的东西。

你的理科可以说是班上无敌手，我希望你集中全力向理科进攻，发明几个丁氏定理。

肇中对自己的未来充满了无限美好的憧憬。老师们的殷切期望，同学们的热情鼓励，都大大增强了他要上最理想的大学——台湾大学的决心。他的理科知识基础打得十分扎实，理科考试成绩全部优等，之所以没有被保送到台湾大学去，问题出在文科课程，是语文和英语成绩扯了后腿，使他不能够如愿以偿。

丁肇中有一股子不达目的绝不罢休的倔强劲，他不肯向命运低头，而是知难而进，宁可放弃保送资格也要参加全省的联合考试。他要竭尽全力向自己的目标——台湾大学冲刺。

“我一定要争一口气，考上台大。”

他向父亲表示了自己的决心：

“我相信自己考得上台大，我一定要考他个‘状元’回来。”

丁观海见儿子已经下定决心，也就欣然同意了。

可惜，天不从人愿。发榜之后，肇中又是因为文科拉了分，没有考上台湾大学，只好屈就于成功大学了。

挫折，像当头一棒，打得他头脑发懵，心上像压了一块石头，整天没精打采，双眉紧锁，茶不思，饭不想，夜不眠，眼看着身体一天天消瘦下去。他有生以来第一次尝到遭受挫折的苦涩滋味，锦绣前程似乎一下子变得暗淡了。

丁观海夫妇很了解自己的儿子，他们没有责备他。母亲安慰他说：

“考试失败，并不能代表前程的失败。这一点小小的挫折算得上什么呢？你不是还可以到成功大学念书吗？”

父亲慰勉他说：

“人生总免不了遇到大大小小的挫折，只要吸取教训，今后做事更加谨慎，事前详细计划就行了。”

丁观海还进一步为儿子指点迷津：

“事在人为，你进了成功大学以后，脚踏实地地学习，将来还可以转到台湾大学来念书嘛。”

在父母的耐心劝慰下，肇中的思想疙瘩解开了。

暑期快要过完了，学校即将开学。肇中告别了父母和弟弟、妹妹，只身踏上了南去的旅程，来到台南市成功大学机械工程系报到。他想仿效父亲，做一名工程学者。

台南市位于台湾西南部的嘉南平原上。这个平原的耕地面积占全省总耕地面积的40%，是台湾农业最发达、人口最稠密的地区。1624年，荷兰殖民军侵占了台南市，并以山地作为跳板向内地扩张。1661年，民族英雄郑成功率领大军渡海，在当地人民的配合下，一举赶走了入侵者，光复了台湾。此后二百多年间，台南市成了台湾的政治、经济和文化中心。丁肇中十分喜爱这座历史名城。他喜欢独自登上赤嵌楼，凭栏远眺，观赏那辽阔无垠的沧海和汹涌而来的巨浪。城楼下面是九个巨大的驮碑石龟。整个城楼都是用红砖砌筑而成的，在强烈的阳光照射下，鲜红耀眼。

丁肇中，这个大学一年级的学生，现在正处在学业的迷宫之中，他在寻找兴趣的所在，寻找理想的出口。

在这方面，当时却没有人来指点他，这使他烦恼不已。

丁肇中不像有些青年那样幸运。那些幸运儿很早就显露出了某一方面的才华，并得到周围师长们的赞赏和重视，于是就会有一位独具慧眼的权威走过来，拍拍他的肩膀说：

“喏，你应该去学××”，或者说：“××领域对你十分适合。”

就像一个人独自走进了迷宫一样，丁肇中只能靠碰壁转弯，靠自己的敏感来寻找出口。

也许是丁肇中通过中学学习摸索出来的一套学习方法有效果，成功大学一年级的课程并不紧张。正因为如此，他可以抽出很多时间到图书馆去博览群书。

因为受过挫折，他变得更加勤奋了。渐渐地，丁肇中感到自己对于物理学的兴趣越来越浓厚。物理学的广阔天地，使他神往；物理学家探讨真理的一套方法，更使他赞不绝口。丁肇中最大的乐趣是反复推敲每一条物理定律，一遇到问题，就查阅参考书，等到一切水落石出了，他才感到心满意足。

丁肇中想当一名物理学家了。他拜读了许多物理学家的传记，其中有牛顿、爱因斯坦、伽利略、麦克斯韦、法拉第等，并尤为法拉第的事迹所感动。

当你打开开关使用电器的时候，应当记起这位伟大的英国科学家——迈克尔·法拉第。是他以百折不挠的毅力，用了整整10年的时间，终于发现了电磁感应现象。正是由于这个发现，人们才有可能制造各种发电机，进而跨进电气时代。

共振是一种物理现象，当外界振源的频率接近物体的固有频率时，物体会发生强烈振动。显然，丁肇中也为法拉第的业绩所“强烈振动”了。

这位伟大的实验大师，早年的经历在某些方面不也是自己童年所经历过的吗？法拉第没有上过小学，各方面的条件都很差，但是他勇于实践，坚持奋斗，终于获得了伟大的成就。“我即便能力比有些人差，为什么不可以用加倍的努力来作出伟大的发现呢？”

第一学年的考试，物理成绩91分，微积分95分，只有工程制图得了68分。

丁肇中意识到这个68分是一个信号，应该转方向了。

向往物理学

1956 年暑假来临了。肇中思家心切，忙着收拾好行李，乘上了北上的列车。他斜倚在车窗旁，极目望去，只见绿色的田野，茂密的树林，零星散布的农舍、池塘，不断在车窗外闪过。多么美丽的风光啊，车轮撞击着钢轨，发出和谐而有节奏的“铿锵”声，像在奏着一支催眠曲。可是，他此刻心情非常兴奋，没有丝毫倦意，因为很快就要同阔别一年的亲人们团聚了。刚进成功大学时的那种压抑感早已烟消云散，他从科学的宝库中找到了最合意的珍宝——物理学，他立志献身于这门科学。

一天饭后，他郑重其事地对父亲声明：

“爸爸，我想改读物理系。”

“你对物理学感兴趣？”丁观海问儿子。

肇中表示了自己对物理学的热爱，接着向父亲详述了自己的决心和打算：

“台湾大学物理系是全省最好的，我准备申请转学考试，毕业后再到美国去深造。”

丁观海专注地倾听完儿子的话，沉思了片刻，才说出了自己的心里话：

“学工程，无论谁好歹都能作出点成绩；学物理，却需要上等的人才才行啊！”

丁观海的看法是，学工程技术的人，即使天资稍差一点，将来也会有份工作做，总可以作出一些成绩来。可是学物理学这种基础科学的人，如果没有极好的头脑，精湛的学识，是难以作出创新和发现的，弄得不好，还会一事无成。

丁观海了解自己的儿子是个聪颖好学的青年，做起事情来有一股子不达目的誓不罢休的倔强劲。他也知道儿子在数理方面一向成绩优异，基础打得十分扎实。不过，为了审慎起见，他还是追问一句：

“肇中，你认为你有能力跻身于物理学界吗？”

丁肇中想着法拉第的榜样，信心满满地回答说：

“只要我埋头苦干，我想是行的。”

看到儿子的信心和决心这样大，丁观海欣慰地笑了。是啊，这一年大学没有白上，肇中经过锻炼，思想和性格日臻成熟了。

“那你就抓紧时间，准备转学考试吧。”

得到了父亲的支持以后，肇中又转而向笑眯眯地坐在一旁的母亲征求意见：

“妈妈，您赞成吗？”

“当然赞成。不过，我还是那句老话：不管你干哪一行，你一定要成为那一行里的佼佼者。”

“我一定会的！”肇中毫不犹豫地回答。

三　密歇根大学

重返密歇根

1956 年暑假，丁肇中正在忙着准备转学到台湾大学物理系的时候，时任美国密歇根大学工学院院长的布朗（G.Brown）教授有事来台湾，顺便来拜访阔别 20 年的同窗好友丁观海和他的夫人。

故人重逢格外高兴，宾主品茗谈心，十分投契。叙谈当中，丁观海把肇中向布朗作了介绍。布朗得知这个青年胸怀大志、锐意进取后，表示了肯定和赞赏。这时，坐在一旁的王隽英乘机向布朗探问说：

“肇中很想有机会到美国的大学去深造，不知道先生能不能助他一臂之力？”

布朗很爽快地满口应承说：

“完全可以，我回国以后马上就办理这件事。”

布朗随后又补充了一句：

“现在美国住宿费用很贵，就让令郎住在我家里好了。”

布朗愿意这样慷慨地帮忙，真叫丁观海夫妇喜出望外。肇中更是高兴得心花怒放——赴美留学的夙愿不久就会变成现实了。

一个月以后，丁观海收到了布朗拍来的电报：

“关于丁肇中来美就读的手续已全部办妥，请电告何时动身。”

事情进展之神速大大超出了丁肇中的预料。他觉得自己还远远没有做好出国留学的准备。首先是自己的英语会话相当蹩脚。虽然双亲都是留美生，但他们平日在家里并不用英语对话，对孩子的英语学习也没有提出太高的要求。其次，自己对美国的生活方式和日常开支，还很缺乏了解。这

丁肇中赴美读书前与父亲、弟弟、妹妹合影

是因为，他的父母一向注重中国的传统礼教，很少向子女介绍美国的生活方式和社会情况。

肇中了解美国青年学生情况的主要渠道是书籍和报刊。据报刊介绍，在美国，即使是百万富翁的子女上大学，也不依赖父母的经济接济，不是采用半工半读的方式，就是利用假期打零工赚钱来维持。年轻的肇中很羡慕美国青年的这种自立精神。他决心自食其力，靠自己的双手挣钱来上大学。

丁观海夫妇本想为儿子筹措一大笔钱，供儿子留学。现在见儿子自己挣钱上大学的决心很大，也就只好表示同意。

后来，丁观海在谈到自己对子女的态度时，说道：

“我对三个子女是一视同仁的，从来不过分夸奖谁或贬低谁。一切都听其自然。我也从来不强迫子女读书。但是，每当他们遇到困难或挫折时，我总是设法分担他们的忧愁，随时随地地给予安慰和鼓励。”

行期一天天迫近，肇中想到自己即将远离亲友，远离祖国，只身到人生地疏的国外去，一种恋恋不舍、依依惜别的情绪，不禁在心头油然而生。

美国本土在两次世界大战中都没有受到战争的破坏，相反，却在战争中发了大财，跃上了金元帝国的宝座。与此同时，它广泛网罗各国优秀的科技人才，因而在不少科技领域中处于领先地位。在现代物理学方面，地位尤其突出。像相对论的创始人爱因斯坦、原子反应堆的发明者费米（E.Fermi）、粒子回旋加速器的发明者劳伦斯（E.O.Lawrence）、被誉为“原子弹之父”的奥本海默（J.R.Oppenheimer）、被誉为“氢弹之父”的特勒（E.Teller），都曾先后为美国的科技事业贡献过力量。美国的物理学界，人才辈出，群星灿烂，对肇中有着强大的吸引力。

肇中临行前，两个在中学时和他要好的同学顾德楷和商武，邀请他到新店碧潭去郊游话别。这一天，镜子般的碧潭显得格外可爱，清澈的小溪显得格外迷人，树丛和花草显得格外美丽，珍贵的友情使人感到格外温暖。

他们三个在溪水旁的绿阴下席地而坐，无拘无束地畅谈着自己的理想，憧憬着美好的未来。

“还有半个月你就要走了，心里难过吗？”商武拍拍丁肇中的肩膀问。

“那是自然的。去年到台南去念书，离家才一年，就想煞了。这回走得更远了，你们一定要多给我写信啊！”肇中回答。

“我劝你到了美国，可不要一天到晚钻到书堆里出不来。要抽点时间做做运动，身体也很要紧啊！”顾德楷提醒说。

“对！”肇中完全接受这个意见。

蓝蓝的天上飘着朵朵白云，小溪旁绿草葱茏，鲜花盛开，空气里飘散着野花和青草的芳香。肇中被这美丽的画面和芬芳的气息陶醉了，他微微合上眼睛，像是在默记此情此景。

潺潺的溪水声，像有人用琴弦在弹奏一支优美动人的梦幻曲。肇中每个时期有每个时期的梦想：童年时代的梦想是抗战胜利，返回家园，好好地生活和上学；中学时代的梦想是闯入科学的迷宫，攫取智慧之果；现在，到了大学时代，自己的梦想也更高了，要成为一名物理学家，继承牛顿、伽利略、法拉第、麦克斯韦、爱因斯坦、费米等物理学家的事业。

“怎么？这会儿就想家了吗？”

同学见他没有回答，轻轻地推了他一下。肇中从沉思中惊醒了，但他只是笑笑，仍然没有回答。

回家以后，在夜阑人静的时候，肇中从抽屉里拿出中学的同学录，翻开其中郝友礼同学的一页，上面写着：

你的理科可以说是班上无敌手，我希望你集中全力向理科进攻，发明几个丁氏定理。

“发明丁氏定理，我行吗？”肇中问自己。

这时，他母亲的那句老话又在耳边响起：

“不管你干哪一行，你一定要成为那一行里的佼佼者。”

1956 年 9 月的一天，丁肇中告别了父亲、弟弟和妹妹，登上了飞往美国的客机，那时母亲已先期因公在美。

9 月 6 日，丁肇中到达底特律机场。随后，他只身一人来到了密歇根大学的所在地安阿伯镇。

安阿伯镇是丁肇中出生的地方。20 年过去了，今天，这个大学城又敞开大门欢迎这位持有美国公民证的中国青年。现在的安阿伯镇比当年更繁华了。密歇根大学增添了护理、公共卫生和社会工作等几个学院，还添置了粒子回旋加速器、原子反应堆和射电望远镜等大型实验设备，大湖上还有它的一支实验调查船队。可是，对今天的丁肇中来说，他是来到了一个完全陌生的环境。他举目无亲，语言不通。这时，他的英语会话还很不熟练，密歇根州的方言更叫他难以听懂。

丁肇中到了安阿伯后很快就找到布朗教授的寓所，布朗教授的太太已在楼上给他腾出一个房间。在这里，肇中一直住到 1960 年年底结婚后才离开。

第二天，丁肇中就去密歇根大学办理学籍注册手续，买了一些生活用品，回到寓所一算账，才发现已经把父母给他的 100 美元用去了一大半。往后的日子该怎么过呢？

当时美国对大学生学习能力的测验显示，学生在知识和能力方面已出现下降的迹象，这就迫使不少企业机关纷纷向高等学府进行智力投资，设法延长学习时间，提高大学教学效率。这样，丁肇中便没有时间去打工助学了。

他为这事向布朗教授求教。布朗告诉他，密歇根大学同美国其他大学一样，设有奖学金，学生可以向校方提出申请，但是，只有学习成绩优秀的学生，才有资格享受。

丁肇中决心拿到奖学金，他拿出拼命精神，刻苦读书，去争取优异的学习成绩。在此期间，他为了节省时间和邮资，连家信都很少写。

他的数理基础很好，本来是想进物理系，可是，布朗帮他联系的是工学院。初来乍到，就要求变动科系，实在难于启齿，他只好暂时到工学院上课，等有适当的机会再说。

第一学期结束的时候，肇中的数学和物理都考了优等，可是，工程制图这门功课跟在成功大学那阵子一样，考得很差，险些不及格。

转入物理系

美国的大学实行的是学分制，学生可以随意选修自己喜爱的课程，只要念满规定的学分就行了。所以，到了第二学期，肇中就扬长避短，少选工程方面的课程，多选较高年级的数学和物理方面的课程。由于他考试成绩优异，终于拿到了奖学金。

不过，这样一来，系里对他有意见了。一位负责的教师严肃地告诫他说：

“年轻人，你听着，你是学工程的，应该多选修一些机械、电工和工程制图方面的课程。不要再选修那些高深的物理和数学啦！”

丁肇中坦率地对那位教师说：

“老师，要是按你说的办法去做，我会失掉奖学金的……”

他本来还想说，自己对物理的兴趣比对工程制图要大得多。但还没等他说出口，那位教师就生气地打断了他的话头，说：

“那么，就请你转到物理系去。”

殊不知这句话正中了丁肇中的心意，转到物理系是他求之不得的。不过，为了防止节外生枝，他暂且按捺住喜悦的心情，故意装出一副为难的样子，接受了教师关于转系的建议。

1957年的夏天，是丁肇中学习道路上的一个转折点，他转到了物理系，向着未来的辉煌事业跨出了决定性的一步。

丁肇中是因为物理和数学成绩优异而获得奖学金的，但他并不单单是为了奖学金才选修物理和数学。他从初中起就爱上了物理和数学，对它们有着浓厚的兴趣，并在这方面显露出了才华。

在跨入密歇根大学门槛之前，他就已经向往物理系。现在，他对物理学简直学得入了迷。

麦克斯韦方程式多么优美和巧妙——电磁学中千头万绪、纷繁复杂的现象，只用了四个方程式就可以包揽无余。

从光源发出的光线，会以每秒30万千米的神奇速度笔直地前进；不过，一旦遇到障碍，它也会拐弯，结果出现了光的衍射、干涉、散射等现象。不管怎样，光线总会为自己选择一条最短的捷径前进，这个规律，由费马（P.de Fermat）最短原理总结了出来。

科学的生命在于创新。要创新，就得摆脱习惯性思维的束缚，透过司空见惯、习以为常的现象，去发掘事物中不寻常的本质。20世纪的科学巨匠爱因斯坦说过：“我没有特别的天赋，我只是有强烈的好奇心。”他又说：“提出一个问题往往比解决一个问题更重要。”是他首先从传统的古典力学的绝对时空观打开缺口，运用他非凡的创造才能，建立了相对论，揭开了现代物理学崭新的一页。

现代物理学所揭示的微观基本粒子的世界，更使丁肇中魂飞神驰：这些平时看不见、摸不着、微乎其微的粒子，竟具有阳、阴、中三种电性；它有轻有重，被科学家划分为重子、轻子、介子、光子等几类；它们有的长寿，有的短命；每一种粒子又都有自己的反粒子……所有这些简直叫人难以想象。

宇宙间存在着四种力量：万有引力、电磁力、核力和弱力，都有着各自的作用范围和规律。就在这一年，杨振宁、李政道两位美籍华人物理学家，因为提出的宇称在弱力作用下不守恒的理论获得证实而荣获了诺贝尔奖。这一新理论，是由美籍华人女物理学家吴健雄用实验证实的。这件事更加激励了丁肇中如饥似渴地钻研现代物理学。

“只要我坚忍不拔，持之以恒，也一定能像他们那样发明几个丁氏定理！”肇中心里这样想。

是的，现代科学远没有穷尽微观世界的奥秘，现代物理学需要大批的后起之秀，孜孜不倦地去探索，英勇顽强地去攀登。

怪人塞缪尔

古人说得好：“书山有路勤为径，学海无涯苦作舟。”知识的海洋浩渺无边，只有不畏劳苦、勤奋不息的人，才有希望到达光辉的彼岸。

丁肇中在物理学的大海中扬起了风帆，一心要向未知的彼岸前进。

他起早贪黑地刻苦学习，为了钻通一个问题，常常废寝忘食，夜以继日地苦干。他整日里不是在课堂，就是在图书馆，要不就是在实验室。美国大学生课余生活十分活跃，跳舞、打桥牌、玩球、郊游……可是，在这些课余活动中，绝不会看到丁肇中的身影。

“塞缪尔真是个怪人，学习顶呱呱，就是不合群。”同班同学这样评论他。

塞缪尔（Samuel C.C.Ting）是丁肇中的美国名字。

按照丁肇中的观察和理解，美国生活方式的基本核心是竞争：从总统、议员的竞选到商品的竞争，从专利权的争夺到情场中的角逐，从运动场上的比赛到学习上的竞赛，无处不是优者获胜，劣者失败。你想获得奖学金吗？你想不被淘汰吗？你就得努力奋斗，争取出类拔萃，成为佼佼者！

跟同学们相比，丁肇中把立足点选得更高，把眼界放得更宽。他不满足于几本教科书，也不满足于教师指定的参考书，他要系统地、深入地搞清整个现代物理学的来龙去脉，他要及时地、广泛地了解现代物理学的最新成果和发展趋势。他怀着崇敬的心情，一连十几个小时地研读物理学大师们的经典著作；他怀着极大的兴趣浏览物理学期刊；他对学术上的种种问题，喜欢独立思考，寻根究底，不喜欢人云亦云，更反对迷信和盲从。

他打算在两三年内，对整个现代物理学进行一番通盘的了解和缜密的研究。

随着钻研的深入，他提出的问题越来越奇特，越来越让教授们伤脑筋了。

1958 年圣诞节前夕，丁肇中收到台北寄来的一个邮包。打开一看，原来是苏联两位基本粒子物理学家阿希耶泽和贝律茨基合著的《量子电动力学》（1957 年出版）一书的英译本。书中还夹着丁观海的一张亲笔字条："祝吾儿圣诞愉快！"

转眼到了星期日，同学们邀丁肇中出去玩，被他借口身体不舒服，婉言谢绝了。他一个人关在宿舍里，急不可待地拿出父亲的珍贵礼物——《量子电动力学》，怀着好奇心，如饥似渴地阅读起来，并亲自推导书中的一些公式。

这是一部论述光子的书籍。1901 年，德国物理学家普朗克（M. Planck）在研究黑体辐射的基础上，首次提出了"量子论"，但随即对自己的理论发生怀疑，不敢前进了。1905 年，爱因斯坦肯定了普朗克的"量子论"，进一步加以发展，并作了精辟的论述，建立了科学的光量子理论。1937 年，德裔加拿大物理学家赫茨贝格（G.Herzberg）出版了《原子光谱和原子结构》一书，指出各种原子具有独特的光谱。由疏密相间的线条和绚丽的七彩色调构成的各种原子光谱，是大自然奏出的神奇乐章，是泄露原子结构秘密的信息。正是对光谱学的深入研究，为光量子理论提供了有力的证据。1924 年，法国物理学家德布罗意（L.V.de Broglie）提出波-粒二象性理论，指出一切粒子都具有波的性质。在半个世纪内，经过世界各国科学家的努力，终于建立起了一套比较完整的描述光子运动的理论体系，叫作"量子电动力学"。它对光和物质的相互作用研究得非常透彻，大量实验都证明了它的正确性。第二次世界大战结束后不久，一位名叫兰姆（W.E.Lamb，Jr.）的美国科学家，应用在大战中发展起来的微波技术，十分精确地重新测定了氢原子光谱。他惊奇地发现，其中有两条本应重合的谱线，竟然有 1057.8±0.1 兆赫的微小间隙。这个奇怪的现象，可以用日本科学家朝永振一郎、美国科学家费曼（R.P.Feynman）和施温格（J.S.Schwinger）发展起来的量子电动力学理论加以解释。

量子电动力学理论的完美、实验技术的复杂和精密，给年轻的丁肇中留下了深刻的印象。这本书是为物理学家和研究生写的专著，有不少地方丁肇中当下还不能充分理解，但它仍然对他具有巨大的吸引力。

丁肇中渴望遨游奇妙的微观世界，去探索大自然隐藏着的奥秘。他对基本粒子物理简直入迷了。1959 年他从密歇根大学毕业时，同时获得了物理学和数学两个理学学士学位。

他满怀激情地回顾了物理学在历史上经历的三次大突破给人类带来的巨大影响：

第一次大突破是牛顿的古典力学定律的提出，促成了英国的工业革命。

第二次大突破是法拉第和麦克斯韦的电磁理论的提出，推动了电气化的实现。

第三次大突破是居里夫妇发现天然放射性元素镭，爱因斯坦提出相对论，费米发现慢中子效应并建成原子反应堆，以及量子力学的形成，使人类跨入了原子能时代。

那么，物理学的第四次大突破将是什么呢？

战后的年代，各国物理学家开始向更深的层次进行探索——探索强子的内部结构。

1949 年，美国物理学家费米和杨振宁提出了“费米-杨模型”。

1956 年，日本物理学家坂田昌一提出“坂田模型”。他认为物质结构有无限个层次，强子是由比基本粒子更深一个层次的微观粒子组成的。

总而言之，眼光敏锐的物理学家已经觉察到基本粒子并不“基本”，它们还有内部结构，还可以再分。

丁肇中凭着对科学的直觉预感到，物理学的第四次大突破，将向更深一个层次进军——揭示出基本粒子的内部结构及其运动规律，把束缚着强子的极大能量释放出来，为人类服务。这个大突破一旦完成，给人类带来的效益将是难以估计的。

他下定决心，要投身到物理学第四次大突破的行列中去，并且要站在研究的最前列。

四 抉　择

良　缘

丁肇中在密歇根大学学习的三年里，一直过着“两耳不闻窗外事，一心只读数理书”的生活，舍不得花费宝贵的时间去参加社交活动，跟男同学来往不多，跟女同学更是毫无接触。他一心锐意求学，年轻的心灵从来没有让“爱情”占据过任何一个小小的角落。

1959 年夏季来临，丁肇中从密歇根大学毕业了。鉴于丁肇中学习成绩优异，密歇根大学、普林斯顿大学等高等学府和奥克瑞奇的橡树岭研究中心都欢迎他去当研究生，并答应为他提供奖学金和研究生的生活费。他从心底感到由衷的欢乐，他第一次体会到了优秀生是多么受人重视，优秀生可以自由挑选最理想的研究单位。经过一番仔细的考虑，他最后决定到以理论物理研究闻名的普林斯顿大学研究院去当研究生。

正当丁肇中整装待发的时候，他收到了校长派人送来的让他参加全校各系科优秀学生聚餐会的请柬。

密歇根大学有一个老传统，每当学年结束时，校长总要从各个班里挑选几名成绩最优秀的学生，为他们举行一个专门的晚宴。

丁肇中换上一套笔挺的西服，端端正正地打好领带，把头发梳理得整整齐齐，随后高高兴兴地赴宴去了。

宴会大厅里，灯火辉煌，优美的乐曲在空中回旋。全校学生的精英欢聚一堂，虽然大多数人平时都素不相识，可是宴会的热烈气氛，一下子冲破了这层薄薄的隔阂。这些踌躇满志的青年，举着盛满香槟酒的杯子，彼此频频祝贺。

席间，丁肇中认识的一个同学引来了一位文雅纤秀的女同学，向丁肇中介绍说：

“喂，塞缪尔，这位是建筑系的高才生凯伊·露易丝·库妮小姐。”

丁肇中友好地同库妮握了握手，后来两人就攀谈了起来。丁肇中讲了自己毕业后的打算，讲了理论物理的奥妙，还讲到了普林斯顿大学的邀请……

库妮虽然听不懂理论物理的奥妙，可她却非常理解这位比她年长的青年的心情。

在第二次见面的时候，他们各自介绍了自己的身世，畅谈了自己的理想和对人生的看法。在交谈中，爱情悄悄来到了这对青年男女的中间。库妮是美籍德国人，同丁肇中一样，美国是她的第二祖国。这位美籍德国姑娘，不但容貌秀丽，学习优良，而且性情温柔，心地善良，更难得的是，她对问题有自己的见解，绝不人云亦云，随声附和。

库妮当时正在建筑系学习，还没有毕业。丁肇中为了顾全学业和爱情，改变了自己的原订计划，决定留在密歇根大学的研究院当研究生，攻读理论物理学的博士学位。

大型实验基地

1959 年秋，丁肇中留在密歇根大学研究院当研究生，攻读理论物理。

数学是自然科学的语言。要学好理论物理，就得掌握现代高等数学中比较复杂和深奥的那些分支。而群论就是其中形成比较晚，但发展很快的一个分支，如今理论物理越来越多地应用到群论。丁肇中决心对这一个数学分支下一番工夫，好好地钻研一下。他雄心勃勃地想一举拿下物理学和数学两个博士学位。

1960 年 4 月一天，当研究生的第一学年即将结束的时候，丁肇中偶然遇见了在研究院教实验物理的马丁·佩尔（Martin Perl）教授。佩尔发现这个青年十分勤奋好学，很高兴地招呼他说：

“年轻人，你的成绩使我感到很满意。”接着，他旁敲侧击地对丁肇中说：“你想从事理论物理研究，这种心情，我非常理解。研究这些有趣的问题不需要昂贵的设备，甚至，一个人单枪匹马也能进行。”

丁肇中一时摸不清对方究竟想要说什么，只是睁大了眼睛木呆呆地望着佩尔先生，等候下文。

“不过，眼下，我和琼斯（L.Jones）教授，正在从事一项实验……”

“是有关基本粒子吗？”丁肇中感兴趣地问道。

“是的，我们在加利福尼亚的伯克利实验中心的加速器上，做一项π介子和质子撞击的实验，我们人手不够，你愿不愿意趁着暑假的空隙，到那里去帮帮忙？”

佩尔的建议正中丁肇中的心思：他虽然从大学到研究院，念了好几年物理学，对基本粒子也做过一番研究，可是，迄今为止，还没有见识过这种大型实验基地——现代化的加速器中心。于是，丁肇中当机立断，马上上前同佩尔握手，表示同意，并问明了动身的日期。

接受佩尔教授的邀请这一机遇，成了丁肇中生活道路上的又一个转折点。

实验核物理的发展非常神速。半个世纪前，老一辈实验核物理学家还在简陋的装置上，用手工的方式做实验。可是到了今天，实验已是在庞大而精密的设备中，用自动化的方式来进行了。

1919 年，一位英国科学家在参观了被誉为“核物理学之父”的卢瑟福（E.Rutherford）用来做轰击原子核实验的那个著名实验室后，写下了这样的一段话：

> 整个仪器是由一个不大的黄铜箱做成的，而闪烁现象是用显微镜观察到的。当时我很惊讶，甚至还因为这些仪器没有给人以更深刻的印象而感到有些失望。

可是，1960 年夏天，丁肇中在加利福尼亚州伯克利的加速器中心所看到的，则完全是另外一幅图景：实验大厅有几十米高，像一座宽敞豁亮的大型厂房；各种电缆和管线涂着不同的颜色，纵横交错地排列着；操作控制台上，布满了一排排仪表和信号灯，简直使人眼花缭乱，目不暇接；一切运算和调节，都由控制着整个实验中心的大脑——电子计算机来进行，人似乎退居到了第二线；到处可以看到醒目的警告牌——“危险！”

置身于这种大型核物理实验基地中，仿佛闯进了一座到处都潜藏着危险的科学迷宫，使人“如临深渊，如履薄冰”，处处小心谨慎，时时惴惴不安。

丁肇中不由得暗暗赞叹说：“实验物理学家大显身手的地方，原来是这个样子啊！”

要揭示原子核的秘密，就得想法把原子核打碎。早先，轰击原子核的“炮弹”是天然放射性物质释放出来的粒子。但是，天然粒子源的能量很小，命中率也很低。当时的高能粒子源只能从宇宙线中获得。从 1936 年开始，情况有了改观。这一年，美国物理学家劳伦斯设计出了世界上第一台回旋加速器。这台回旋加速器修建在加利福尼亚大学。这台荷电粒子“投掷器”体积很小，只有一个小方桌那样大，可是它的本领却不小：荷电粒子在两个半圆盒内受到磁场力的作用而转弯做圆周运动，在两个半圆盒的缝间又不断地被电磁力作用而加速，就像踢皮球似的被踢过来踹过去。荷电粒子仿佛在荡秋千，越荡越快，越荡越高，也就是说，它的速度和能量都在不断增大。然后，用这种经过充分加速的、能量很高的荷电粒子去轰击原子核，果然弹无虚发，一举成功。后来，加速器越造越大，被加速的荷电粒子的能量越来越高。到 1962 年，最新的加速器已经能把荷电粒子的速度加快到接近光速。这时的加速器的体积已经变得相当庞大，大到实验室已无法装下，只好把实验室盖在加速器的旁边。加速器的发展标志着高能物理学的发展水平，也标志着人类揭开微观世界奥秘的能力的提高。

当 π 介子和质子撞击实验的准备工作全部完成之后，佩尔教授把丁肇中领进一个小小的仪器室内，指着一台计数器的控制台，吩咐他说：

“这里就是你的工作岗位，你的任务是监视机器的工作电压，并把计数器的数据记录下来。”

这项工作真是再简单不过、再轻松不过了，任何一个新手都能在一天之内完全掌握，丁肇中自然干得得心应手。不过，时间一长，就越来越感到单纯看看仪表、做做记录，未免太单调乏味，初来乍到时的那股子新鲜劲儿已经消失得无影无踪了。

还有，工作虽说轻松，可是，从上班到下班，一会儿看仪表，一会儿做记录，外带检修，那滋味也并不好受。丁肇中第一次值夜班后，次日早晨，只觉得头昏脑涨，腰酸腿痛，浑身有说不出的难受。不过，他是个要强的人，从不肯向困难低头，再苦再累，咬咬牙也要挺过去。何况，整个实验班子，从实验组主任到每个组员，大家全都这样干呢！

有一天，佩尔亲切地拍拍丁肇中的肩膀，问他：

“小伙子，你工作得很认真，坚持得下去吗？”

丁肇中只是朝佩尔点了点头。

这项实验连续进行了一个月。这段时间工作十分紧张，除了吃饭、睡觉，就是不停地工作再工作。星期日是从来不放假的，因为在加速器上做实验，是一刻也不能中断的，某些实验只能在某一特定的时间内去完成。正如用一台巨大的天文望远镜去观测星空，某一小块星空只能在某一特定的时间内才能观测到，时机稍纵即逝，不可复得。

佩尔和琼斯都对丁肇中很信任，平时不大具体过问他的工作。

向他交代任务之后，就放手让他独自去干。丁肇中也不愿依赖别人，遇事总是自己想办法去解决。他把参加这次实验看作是一次学习的好机会，借以弥补自己在实践上的不足。

对待学习，有两种态度：一种是消极被动，被牵着鼻子走，这样，学习成了一种负担，越学越没劲，结果是事倍功半，收效甚微；另一种是积极主动，掌握学习规律，有计划、有目的地驾驭学习，学习不再成为一种负担，而是成为一种享受，因而，越学越有劲，结果是事半功倍，卓有成效。丁肇中一贯采取积极主动的学习态度，所以在一般研究生眼中，他是一位学得快、钻得深的高才生。

起初，他乍一看到作为实验结果的一根根曲线、一组组数据，还不能充分理解其中的奥妙。可是，很快他就登堂入室，领悟到了其中的奥妙。

发表在1962年《物理评论通讯》上的论文——《在3、4、5GeV/C[2]①处的π介子与质子的弹性散射》，就是丁肇中这一时期跟佩尔教授、琼斯教授及其他同事共同的智慧和汗水的结晶。这也是丁肇中的名字第一次出现在专业刊物上。

由理论物理学转向实验物理学

物理学离不开实验，它是一门实验科学。

丁肇中在加利福尼亚州伯克利的加速器中心紧张地工作了近两个月。新学期即将开始了，丁肇中感到这两个月过得充实而有意义，不仅增长了见识，也锻炼了才干。他怀着愉快的心情去向佩尔和琼斯两位教授告别。

佩尔热情地挽留丁肇中，说：

“你就留在我们这里吧，在这里你可以继续完成你的研究生课业。”

他的这番话并不是一般的客套话，而是由衷之言。因为丁肇中一贯勤奋好学，工作认真踏实，能够吃苦耐劳，用这样的人当实验助手，佩尔一百个放心。

丁肇中对佩尔的这番好意虽然很是感激，但是当下不好表示是否接受，因为，放弃理论物理，改学实验物理的问题，他还没有仔细考虑过呢。

佩尔看到丁肇中一时还拿不定主意，就补充了一句：

“依我看，像你这样的学生，如果搞实验物理，要获得博士学位，一般是不成问题的。”

听了这句话，丁肇中不禁动心了。

“非常感谢您，教授先生。”

丁肇中表示过谢意之后，坦率地对佩尔提出：

“我想请您让我再考虑几天，行吗？”

佩尔欣然表示同意。

离开加利福尼亚之前的一段时间，是否接受佩尔的邀请的问题一直徘

---

① 高能物理学家常用“电子伏特”（eV）作为能量单位，GeV表示10亿电子伏特。

徊在丁肇中的脑海中。他现在仿佛来到一个十字路口：是沿着理论物理的道路一直朝前走呢，还是改弦易辙、变换方向，走实验物理的道路？

当年，年轻时代的爱因斯坦也遇到过类似的情况，他在成名之后，专门写了一篇文章，告诫青年学生，其中讲道：

> 物理学也分为若干领域，每个领域都能吞噬工作者的短促的一生，而满足不了追求深入了解的饥饿感。

丁肇中从来没有用轻视的眼光看待过实验物理学家。他所崇敬的法拉第，不就是一位实验物理学家吗？他对于近代物理实验，尤其是高能物理实验，不仅没有轻视心理，还多少存在些敬畏心理。现代的大型实验，所用的设备、仪表实在是复杂极了，精密极了，容不得半点马虎和疏忽，他担心自己的能力有限，驾驭不住那套庞大而复杂的实验系统。

徘徊于十字路口的他，多么需要物理学界老前辈的指引啊！

一回到密歇根大学，丁肇中不顾旅途劳累，立刻登门拜访了著名的实验物理学家、密大老教授乌伦贝克（George Uhlenbeck）。乌伦贝克在青年时代曾经做过一个很巧妙的实验，证实了电子像一个小小的陀螺，一刻不停地绕轴旋转。

丁肇中向乌伦贝克问过好后，立刻开门见山地吐露了折磨着他的那个问题：

“教授先生，依您看，是当理论物理学家好呢，还是当实验物理学家好？”

老教授毫不犹豫地回答说：

“还是做个实验物理学家吧，当然是当实验物理学家好啰！”

老教授知道丁肇中对问题不满足于简单的答案，而总喜欢刨根问底，弄清原委，于是，亲切地向他解释说：

“我认为，一个普通的实验员很有用，而一个普通的理论物理工作者却用处不很大。你要知道，在理论物理领域内，只有极少数理论家才是重要的。但是，在做实验时，不论你做点什么，都是必不可少的。”

接着，老教授颇为风趣地自我表白说：

“如果人能够返老还童，一切从头做起的话，我仍旧愿意当一名实验物理学家。”

乌伦贝克这一番推心置腹的由衷之言，解开了丁肇中的心结，指引他走出了迷津。他仿佛服下一副清凉剂，茅塞顿开，心明眼亮，看清了自己应该走的道路：研究实验高能物理，当一名实验高能物理学家，这就是自己的毕生事业。是的，他要告诉佩尔教授，自己已经拿定了主意。

在人生的长河中游泳时，人们常常会被某些事件的旋涡卷进去。现在，丁肇中也卷进了一个大旋涡——现代物理学，其中心部分是实验高能物理学。越接近旋涡中心，他感到吸引力越大。他离不开它，也不想离开它了。他准备把自己的全部精力和整个生命都投进这个伟大而艰巨的事业中去。

1960 年，丁肇中和库妮分别征得双方父母的同意，着手筹备结婚了。

同年，丁肇中的母亲王隽英身染沉疴，赴美就医。经过医院诊断，确诊是肠癌，且已到了晚期。

没有多久，母亲去世了。临终前母亲留下遗言：“爱祖国，爱科学，双爱双荣。”这 10 个字的遗言深深地铭刻在丁肇中的心上。丁肇中是个孝顺儿子，此时此刻，他悲痛得不思茶饭。亲人们百般劝慰，才使丁肇中的悲痛心情慢慢平静下来，生活和研究工作又逐渐步入了常规。库妮虽然是一个西方女子，却具有东方女性的贤淑，她处处体贴丁肇中，时时为他分忧解愁。

在一年多的相处当中，他们的爱情之花开得更加绚丽了。1960 年底，丁肇中和库妮在密歇根大学附近的一所教堂里举行了婚礼。

安阿伯不但是丁肇中的诞生地，也是他成家立业的地方。

密歇根大学研究院里，有许多学识渊博的著名教授，丁肇中一面虚心向他们求教，一面努力钻研学问，学习起来事半功倍，如有神助。在 1960 年和 1962 年，他分别拿下了物理学博士和哲学博士两个学位。研究生期间，两年内连中双元，这在密歇根大学的校史上还是罕见的。

丁肇中钻研起问题来，还是那股子“打破砂锅问到底”的老脾气，时常提出一些使人觉得稀奇古怪的难题来，有时弄得导师们都无法招架。结果，他在教授们的心目中，竟成了一个“不太受欢迎”的学生。1962 年，

1960年丁肇中与库妮小姐结婚

丁肇中作为研究生，作为一名实验物理学研究者，从密歇根大学研究院提前毕业了。

丁肇中用五年左右的时间，在密歇根大学取得了学士、硕士和博士学位，而一般美国学生需要10年左右的时间才能完成。他之所以能以如此短的时间取得学业上的成功，归纳起来就是“苦”“智”“趣”三个字，即坚强的意志，刻苦的精神；独立思考，以智取胜；浓厚的兴趣，强烈的事业心。这些因素也是后来他在科学研究中获得巨大成功的重要条件。

五　高能物理学的新秀

尼文斯实验室的机遇

像所有的优秀生所受的待遇一样，许许多多大学和研究所的招聘申请单向丁肇中飞来。在随函附上的本单位简介中，有的标榜历史悠久、声誉卓著，有的自诩设备先进、实力雄厚，有的许以良好的工作条件和优厚的薪金，有的表示要奖掖后进，提拔优秀人才。总之，这些单位各有千秋，到底选择哪个好呢？

在那许多盛情的邀请信面前，丁肇中感到有点迷惑了。“工资待遇嘛，只要过得去就可以了。”他现在的经济状况已不再像刚来美国时那样拮据了。“要选择名牌大学？对！应该去研究物理学最有前途的地方。”

丁肇中选择了哥伦比亚大学的尼文斯实验室。哥伦比亚大学素以有强大的物理学研究阵容而闻名，而且这所实验室离他母亲的墓地很近，在这里他可以经常重温母亲在世时对他的教导。结果，他以优异的成绩被录取了。

在哥伦比亚大学期间，丁肇中悉心研究微观物理，把大量的时间都花在实验室里。

在尼文斯实验室，丁肇中遇见了吴健雄教授，吴教授也非常赏识这个新来的年轻博士。吴女士是一位著名的华裔实验物理学家，1956 年曾用一个巧妙的实验，证实了杨振宁、李政道提出的宇称在弱力相互作用下不守恒的理论。

科学研究是一项无止境的工作，外行人往往会觉得高深莫测、玄而又玄。实际上，只要认真地从最基本的东西进行探索和研究，就会使你兴趣盎然，其乐无穷。丁肇中的志向是从事基本粒子的高能实验，但是只靠大学里学到的一些知识，是无法在这个领域里大显身手的。博士学位，只说明你具备了做研究工作的能力，但在基本粒子实验方面，丁肇中毕竟还是一个新手。

“这个孩子在普通的环境里，表现得并不突出；但是在相互竞赛的环境里，他却是个佼佼者。”这是丁观海先生对自己儿子的评语。

竞赛、挑战对丁肇中来讲，是一帖鼓舞斗志的兴奋剂。虽然此时他已有了较优厚的待遇，他的老师吴健雄教授又再三挽留，但丁肇中还是决意暂时离开尼文斯实验室到欧洲去。他要闯出一条自己的路子。

欧洲核子研究中心（CERN）有一个任期一年的职位，它的薪金只有尼文斯实验室的三分之一。丁肇中并不计较待遇的优劣，坚持要去西欧，因为在那儿，他可以跟随慕名已久的科科尼（G.Cocconi）教授。

科科尼教授

1963 年，在取得福特基金会的资助之后，丁肇中和他的妻子库妮吊别了长眠于黄泉下的母亲，搭上去瑞士的飞机。当飞机飞越一个平原时，丁肇中被地面上一个环形跑道般的怪物吸引住了。这就是他要去的目的地——欧洲核子研究中心。

“半个世纪来，人类探索微观世界的实验发生了多大的变化啊！”想到自己将要学习如何利用这台庞然大物，丁肇中不由得感到自豪。

1952 年，欧共体 13 个国家（现在成员国已增至 22 个）凑集了人力、资金，在日内瓦以西的郊区、瑞士和法国的边界处，兴建了这所研究亚原子结构及其基本作用的国际实验中心。该中心的工作人员有 6300 多人，世界各国的科学家都经常到这里进行研究工作。此外，该中心在先进技术教育和青年人才培养方面也发挥着重要的作用。

瑞士是一个内陆国家，它最宝贵的自然资源是绿水青山。这里优美的风景，早已闻名于世，素有“欧洲乐园”和“世界花园”之称。阿尔卑斯山终年白雪皑皑的奇峰异峦，令人目眩神迷的悬崖绝壁，奔腾湍急的山川、瀑布，葱茏苍翠的牧场、森林，晶莹清澈的湖泊、河流，以及秀丽淡雅的城市，一年四季都吸引着无数来自世界各国的游客。规模宏大的欧洲核子研究中心，自建成以来，一直是全世界基本粒子物理学家向往的地方。

汽车把丁肇中送到一堵装有铁丝网的高围墙旁，在门口的会客室递交了介绍信后，就顺着他人的指点向科科尼教授办公室的方向走去。首先映入丁肇中眼帘的是一块醒目的橙色挂牌，上面写着令人紧张的字样——“危险！当心辐射。”

来到欧洲核子研究中心的第一个星期，根据科科尼教授的安排，丁肇中参观了实验室的主要设备。从飞机上看见的那个环形跑道，原来是安装巨大的超级质子同步加速器时留在地面上的痕迹。加速器的主体埋在地下深处，来到那里，丁肇中以为到了一座地下长城。

这里昼夜灯火辉煌，闪闪发光的不锈钢管道，从一只红色的盒子穿入另一只红色的盒子；20 吨重的大磁铁一块隔一块地排列在管道的两侧；一群群质子发疯似地在管道里奔跑；有四架大型计算机和几百台专用计算机在工作，以一丝不差的精确度控制着机器的运转。

同其他地方的高能物理实验中心不同，这里是一个真正的国际性研究机构。在走廊里，丁肇中遇到了来自几十个国家和地区的科学家，他们有着不同的肤色，属于不同的民族，但却谈论着一个共同的话题——基本粒子。

给丁肇中印象最深刻的，无疑要数科科尼教授本人了。

“他是一位有非凡能力的物理学家，思路敏捷，在选择物理学研究课题方面具有特别敏锐的洞察力。他能够以一种清晰而简明的方式阐述复杂的问题，他做实验时的全神贯注，更是无人可及。”丁肇中在写给朋友的信中滔滔不绝地谈到自己初到欧洲核子研究中心时对科科尼教授的印象，他庆幸自己找到了一位好导师。后来，丁肇中在他的自传中写道：“在那里（欧洲核子研究中心——作者注），我有幸与科科尼在装有质子加速器的地下室里一块工作，并从他那里学会了许多物理学知识。他总是用简单的方式看待复杂的问题，做实验也非常认真。他给我留下了深刻的印象。”

有人认为，科学的方法论是一篇文章或一本专著就能概括的。其实，这些只能给人以启示。真正的科学方法，只能通过亲身经历和实践，并在导师的指导下才能学到。

在瑞士，丁肇中无心去欣赏秀丽的风光，整天待在实验室里。太太库妮承担了所有的家务，免除了丁肇中的后顾之忧。

科科尼先生曾在意大利的西西里大学担任教授多年，由于职业的关系，他经常与年轻人打交道。当两人在一起值夜班时，教授时常向丁肇中讲述西西里岛的名胜和风光。他们的友谊在交谈中日益深厚。

有时，丁肇中在工作中产生了某种新颖的想法，科科尼先生就鼓励他同其他的组员共同商讨，并亲自做实验。

那一年，丁肇中在瑞士进行的是质子与质子碰撞的散射试验。这是一种典型的高能物理实验，需要掌握加速器的复杂技巧。他和科科尼教授等人合作研究，并发表了一些具有重大科学价值的论文。他个人的科学实验技能也有了极大的提高。丁肇中从他的导师身上学到很多的知识，这对于他日后的物理学研究有着深远的影响。

1965 年春天，他从西欧返回哥伦比亚大学教书。

这时，哥伦比亚大学尼文斯实验室人才济济。除了李政道教授、吴健雄教授之外，还有莱德曼（L.Lederman）、拉比（I.I.Rabi）、施泰因贝格尔（J.Steinberger）、施瓦茨（M.Schwartz）等。这些一流的物理学家确实个个才华横溢，有各自独特的风格和独创性的见解，丁肇中在同他们一起研究讨论的过程中，得到了进一步的锻炼和提高。

丁肇中参加了由莱德曼教授担任主任的实验小组，同时还参与了普林斯顿大学与宾州大学合办的加速器实验室的工作。

早在 1930 年，英国物理学家狄拉克（P.A.M.Dirac）提出一种理论：自然界中除了电子、质子、中子等粒子之外，还有反电子、反质子、反中子等。这种反粒子与正常粒子在许多方面性质完全一样，可是它们却像水火一样互不相容。粒子与反粒子一碰上，顷刻之间便化为一团火焰消失了，释放出巨大的能量和一对光子。正因为如此，在我们这个由正常粒子组成的地球周围，几乎找不到反粒子。所以有关反粒子、反物质的特性，有许多至今还是一个谜。

能用加速器来制造反物质吗？这好比在一块巨大的烧红的铁板上用冰雪来堆房子一样，一放上去便融化了。真难啊！丁肇中参加的莱德曼小组，在那一年里，专攻反物质，他们研究了反质子之后，竟异想天开，想制造出反氘原子来。然而，这项难度极大的实验竟成功了，他们观察到了反氘原子。《纽约时报》《新闻周刊》都报道了这项重要实验。对丁肇中来说，这又是一次重要的锻炼和收获，从此，他正式在科学界崭露锋芒。

重光子

“同无边无际的宇宙相比，教科书上的知识显得多么可怜。”来到真理大海之滨的丁肇中，深深感到了个人的渺小。

他什么都想知道，什么都想研究，但他知道一个人的能力是很有限的，他只能寻找最感兴趣的东西作为主攻目标。“只要刻苦地钻研，也许在某一个特殊的领域中能作出优异的成绩。”

基本粒子太少了，但是它所包罗的知识是那么广泛，涉及的领域又是那么繁多。单讲理论吧，有量子电动力学、对称性理论、雷吉理论、色散关系，还有许许多多刚从文献里冒出来的新名堂。实验方面，更不用说了，“电子线路”，这是在密歇根大学学习时最使丁肇中感到头痛的功课，此外还有计算机技术、各种探测器等方面的学问，不要说念一个博士学位，就是念上三四个博士学位，也无法掌握所有的知识。而且现代科学技术的进步是那样迅速，几年之后，一大批知识便过时了。

丁肇中从欧洲核子研究中心和哥伦比亚大学的许多名家那里，已经学到了一个本领，那就是抓着一个关键点不放，死死盯住它，力图彻底理解。

丁肇中的脑子里又出现了“光”这个课题。自从学生时代了解到光量子的概念之后，研究光的念头就从未离开过他的脑海。

现代物理学的进展使得人们对于光的认识大为改观，尤其是在光与物质的作用方面。

20 世纪 60 年代初，一位叫樱井的日本物理学家提出一种观点：当光子的能量高到一定程度时，光子与物质作用前，会先变成一种质量很大的粒子，这种粒子称为矢量介子。后来实验中果然发现了三种矢量介子，它们分别用希腊字母命名为 ρ、ω、φ。这些粒子除了质量比质子大 8～11 倍之外，其他性质都同光子十分相似，所以又有“重光子”之称。

丁肇中希望能做一项实验来进一步研究重光子的性质。这些重光子在原子核内有什么行为？自然界里究竟有多少种重光子？大概不会就是眼前所知道的那三种吧？这些问题的解决，都要依靠实验。

1965 年秋天，丁肇中接受联邦德国汉堡电子同步加速器研究中心（DESY）主任延奇克（W. Jentschke）的邀请，到那里去进行一项用电子和正电子碰撞制造重光子的实验。这是丁肇中有生以来第一次主持实验。

DESY 是位于德国汉堡的一个高能物理研究机构，是世界著名的高能加速器中心之一。它的研究设施主要为来自国内外的高能物理学家和同步加速器放射物的使用者服务。

丁肇中在高能加速器中心

这个研究中心的经费，由联邦政府支付 90%，汉堡支付 10%。它从不在科研成果或研究合同之外谋取收益，从事的是纯科学研究。要参观它的最核心部分，必须沿着狭窄的楼梯层层往下走，在离地面 20 米的深处，才能见到各种先进的设备。这条长长的地下隧道，直径 5.2 米，长 6.3 千米。

当时的 DESY 约有 1300 名职工，其中 1000 人是长期任职的，还有 900 名来自外国和联邦德国各研究所的客座科学家。他们中间有一半是高能物理学家，另一半是从生物学到固体物理不同专业的科学家。现代科学冲击着每一个宁静的角落，使不同国度的科学家聚集到一块儿。DESY 以它先进的设备和成功的管理，吸引了世界上众多的杰出科学家。

在这里工作过的学者，无不赞扬 DESY 的工作效率和严谨的科学态度，以及和谐的人际关系。据他们说，世界上著名的高能物理研究机构大约有 12 个，DESY 是其中之一。DESY 既与其他研究机构进行广泛合作，又与他们进行激烈的竞争。科研人员在这样一个环境里工作，既要动脑，又要动手，自然能够充分发挥创造性。正如他们自己所说："我们的研究工作，不像应用科学可以从市场反应来评定成果，我们是纯技术研究，成果将转化为学校的教材，或者转化为远期的工业应用。"

这就是在 DESY 搞基础理论研究的工作者的献身精神。他们在实验室里一待就是十几小时，除了能在学术刊物上发表几篇文章之外，并无多少名利可得。然而，回顾一下欧美近、现代科学研究史，就能知道基础理论研究对技术进步和人类文明所起的巨大的推动作用。牛顿和爱因斯坦都没有在早年获得盛名，他们并不追求虚名，但他们却因自己的科学成果赢得了后世的尊敬。

量子电动力学错了吗

有一件事暂时打断了丁肇中对重光子的研究。

在他来到哥伦比亚大学的第二年，粒子物理学界传开了一个惊人的消息，说是哈佛大学有几位物理学家在电子加速器上做了一项由光子同核靶碰撞产生电子-正电子对的实验，他们看到了一种好像与量子电动力学相违背的现象。

“难道量子电动力学不可靠了？”

丁肇中听到这个消息后，一个疑团从心中升起。从前丁肇中看过不少有关光与物质相互作用方面的专著，都说量子电动力学是一门非常完善的理论。尤其是父亲送给他的那本圣诞节礼物，讲述的量子电动力学理论的完美性和实验的精确性曾使得丁肇中为之倾倒。

没过多久，又传来一个消息，说康奈尔大学的一些同行，做了一个重复实验，也发现了量子电动力学有不可靠的迹象。

丁肇中已没有心思再考虑其他问题了。他的思想完全被有关量子电动力学的这个疑团占据了。他几乎整天待在图书馆里，想要搞清楚究竟有哪几种方法可以在实验上检验量子电动力学。

在德莱尔教授写的一篇论文中，丁肇中找到了一些线索。德莱尔教授是颇有名望的粒子物理学家，他在那篇文章中系统地分析了在高能加速器上各种检验量子电动力学的办法和价值。

有一种验证量子电动力学的办法看来比其他办法更有效，但是在德莱尔的那篇文章中只是概要地提了一下，没有详细说明，因为计算太复杂了。

丁肇中找来了他的朋友勃洛克一起进行计算，他边学边算，用了几个月的时间，总算有了结果。同时，一项检验量子电动力学的新方案在他的脑子里酝酿成熟了。

当丁肇中把实验计划告诉莱德曼教授时，莱德曼着实为丁肇中捏了一把汗，告诫他说：

“你从来没有使用过如此复杂的电子仪器，也没有庞大的实验小组和雄厚的资金来源，即便有经验的实验行家，用你的方法花上三四年时间，恐怕也未必能成功。”

丁肇中没有听从莱德曼教授善意的劝阻，相反，他说：“只需要一年不到的时间就可以验证哈佛大学实验的真伪。”于是，丁肇中和莱德曼教授以 20 美元打赌：如果丁肇中能在短时间内做出实验，并能对哈佛等大学的实验作出新的说明，莱德曼教授就输给丁肇中 20 美元。丁肇中很乐意，并决心从莱德曼教授手中赢得比 20 美元价值更高的科学发现。

丁肇中懂得这项实验的科学价值，也清楚这项计划耗资很大，在美国恐怕暂时无法得到资助。为了保证这项实验的顺利进行，丁肇中马上同汉堡的电子同步加速器研究中心联系。该中心的负责人韦伯（G.Weber）和延奇克两位先生热情支持丁肇中的方案，并力促从速进行这项重要的实验。

1966 年 3 月，丁肇中离开了哥伦比亚大学，来到德国汉堡的 DESY 进行这项实验。

丁肇中在高能物理学界虽说是一个初出茅庐的新手，但绝不是外行。他胸有成竹，只用了八个月的时间便完成了这项艰难的实验计划，并得出了结论：至少在 10^{-14}cm 范围内，没有发现任何与量子电动力学有任何违背的迹象。这也就是说，一年前，哈佛大学和康奈尔大学的同行们的实验本身有不可靠的地方。

量子电动力学是在量子力学、狭义相对论和古典电磁场理论的基础上发展和建立起来的。我们知道，原子内部电子的运动受电磁相互作用规律的支配。就目前所知，大到宇宙空间，小到原子世界，这种描述带电轻子与电磁场相互作用的理论都能适用。在微观现象的研究中，科学家们用这一理论处理光子与电子的产生、消灭及其相互的作用，都取得了惊人的成功。同描述粒子运动的其他理论相比，量子电动力学是目前最完美、最精确的理论。

丁肇中的实验公布以后，纠正了美国各著名大学的物理学家的错误，也维护了量子电动力学的权威地位。莱德曼教授因此输了 20 美元，丁肇中却赢得了比 20 美元价值更高的国际声誉。

丁肇中的成功，使同事们对他刮目相看。德国汉堡电子同步加速器研究中心为丁肇中保留了“客座”的待遇，今后他要做什么实验，都可以享有优先的权利。

这次实验的成功，使丁肇中在国际物理学界享有了一定的地位，也为丁肇中与他的同事们后来完成荣获诺贝尔奖的研究工作奠定了基础。受到了这次成功的鼓舞，丁肇中满怀信心地同他的实验小组一道，继续致力于对重光子的进一步探索。

他在给父亲的家信里，写下了这样的豪言壮语：

“在未来的10年内，我将有希望获得诺贝尔奖。”

丁观海看到后暗暗吃惊，心想：“谈何容易！毕竟在肇中身上还存留了某些不懂事的大孩子气啊。”

六　通往斯德哥尔摩之路

麻省理工学院

在汉堡初露锋芒之后，丁肇中这位青年物理学家胆子更大了。他要实现更高的理想，要追求更大的自由。

“发明几个丁氏定理。”少年时期中学同学的毕业赠言，不再是虚无缥缈的海市蜃楼。现在它就像跑道上的终点线，横在前方，等待他去冲刺。

1967 年的丁肇中在想些什么呢？他不再满足于在别人的领导下进行研究，他想拥有一个属于自己的实验物理学的班底，想获得雄厚的财力资助，以便更好地进行对重光子的探索。

那年夏天，在斯坦福大学举行的关于基本粒子的国际学术讨论会，特别邀请丁肇中去作了一个专题报告。在报告中，丁肇中介绍了他多年来所从事的物理实验的成就，并对未来高能物理学发展提出了大胆地、富有哲理性的见解。丁肇中的报告受到了大家一致的好评。会后，不少大学争相邀聘丁肇中前去讲学或任教。

韦斯科夫（V.F.Weisskopf）教授是闻名全球的物理学家，他作为麻省理工学院的代表，竟亲自跑到德国汉堡，劝说丁肇中加入该院物理学家的队伍。

“我们可以保证你在两年之内升任正教授，还可以让你主持一个实验物理学家的班底，当然，你还可以保留在汉堡的全班人马。”

丁肇中为韦斯科夫提出的优厚条件动心了，他欣然答应了韦斯科夫的盛情邀请。

麻省理工学院位于波士顿附近的剑桥，下设航空与航天、地球与星球、

丁肇中在作学术讲演

数学、物理、化学、原子能、生物、气象、电子计算机、机械工程、经济、管理等 20 多个系，拥有原子反应堆、计算机中心、超级风洞、天文台、空间中心和许多其他实验装置及实验室，是世界著名的科技教学和研究中心。

纵观丁肇中以往的经历，我们会发现他是一个不安于现状、勇于探索的人。

从中学到大学，他正是在不断地探索中找到了自己真正的兴趣所在，认识到了自己的长处，从一个中国历史的爱好者，成为一个探索重光子奥秘的追求者。他经历了各种挑战，受过各种各样性格的导师的熏陶。这种不安于现状的探索精神，是一个人成才的重要条件。

丁肇中在 1967 年到 1968 年担任美国麻省理工学院物理系副教授，1969 年起任教授。丁肇中带研究生，通常只用两年时间就让他们毕业，他说："我认为能从任何一个人身上学到的东西都是有限的，两年时间已足够了。"

麻省理工学院创建于 1861 年，从任何方面来说，它都是一所无与伦比的高等学府，其最突出的标志是造就了一批声名盖世的科学家。例如，首先发明磁存储器的扎伊 • W. 弗莱斯特，人工合成青霉素技术的发明者约翰·C.萨汉，人工智能的先驱、控制论的创立者维纳（N.Wiener），以及曾举步月球的四名太空人。

一谈到麻省理工学院，人们就习惯于将它与哈佛大学相比。多年来，两所学校间的竞争从未停止。1870年，哈佛大学曾企图兼并麻省理工学院，此后又做过多次努力，但终未如愿。哈佛大学学生个个自傲自信，衣着考究，风度翩翩，而麻省理工学院的学生却恰恰相反，原因很简单——没有时间。美国有句俗话："麻理的学生不会读，哈佛的学生不能算。"在哈佛大学，学生们的最大困难是如何才能进来；在麻省理工学院，最使学生头疼的却是怎样才能出去。由此可见，两所大学的特色相距甚远，一文一理，很难捏在一块儿。

麻省理工学院的全部学生来自世界各地，人虽很多，但整座校园却弥漫着沉静的气氛，人际交流多通过广告板或贴在墙上的布告栏进行。这里，不需要人为的宣传和劝导，紧张的工作和艰辛的学习是人们最好的制冷剂。学生的负担重得吓人，在这儿学习被比喻为"从消防水管中找水喝"。要想毕业，必须拿满360学分，少1分也不成。由于时间紧，功课重，有的学生一直到毕业也未曾跨越过波士顿大桥一步。

麻省理工学院最成功之处在于它独特的教育方法。它最注重的是研究，即独立探索新的课题。例如，有一门课是这样进行的：学生们每人得到一个装满弹簧、电机等元器件的箱子，课程要求简单而明确——自行设计、装配成一台机器。正是这种独特的教育方式，使麻省理工学院吸引了无数的天才。

在学院里，有一批被称为"Nerd"的怪人。这些人天生聪慧，他们力图避免去钻研某些单调枯燥的课程，而是多人围坐一起，畅谈太空生活，探讨"如何才能推导出可口可乐的分子式"等富于探索性而又异常困难的问题。他们能把圆周率π背到小数点后第50位，而且个个具有极强的动手能力。

同时，这些学生又多为服装怪人。夏天，他们将短裤提得老高，上身穿一件短袖衫，领子又长又尖，一条飘带在胸前摆来摆去；冬天，他们足登高统套靴，头戴一顶套领包耳帽。这些人对个人虚荣嗤之以鼻，但对颂扬个人英雄主义的电影却崇尚之至。

计算机是麻省理工学院的学生最亲密的朋友，就如同匈牙利人与红辣椒的关系一样。学生们常常和计算机一“玩”就是半夜，通宵达旦在这里早已不足为奇。这里的学生性格外向开放，思维敏捷活跃，传统的教育方法对他们已不适用。恰恰是这种奇异的、与众不同的环境，造就了一大批献身事业、顽强拼搏且成就卓著的科学家。也正因为如此，才使它成为全世界有志青年一心向往的圣地。

丁肇中实验小组

在麻省理工学院，丁肇中是这所学校里唯一不教课的教授。为了潜心做实验，他挑选了一批既年轻又能干的组员。他亲自挂帅，把两批精干的实验物理学家安排在世界上两个不同的地方作战，一批在联邦德国，一批在美国，他自己则奔忙于大西洋的两岸。每隔两个星期他才回家一次，看望妻子和两个可爱的女儿。

“科学上的发现，都是通过努力工作得来的，极少靠碰运气。再说像高能物理实验这种耗资巨大的大规模研究工作，有哪一个财神老爷肯让你动辄花上百万美元去碰运气呢！”

他对自己的组员说：

“所以，你们在我们这里工作，必须要遵守我的规矩：准时上班，认真工作，各组要分头实验，直接向我负责，组与组之间不得相互联系，以免弄虚作假，影响实验的可靠性……”

有的青年人，只是慕名来投靠丁肇中的，一听到导师的这番训话，第二天便溜之大吉了。凡是留下来的，都是像当年丁肇中那样事业心很强、肯学肯干的好青年。

丁肇中自己呢？当然比任何人都更辛劳。每逢新一轮的实验开始，他总是彻夜连续工作，几乎没有节假日。有时，丁肇中也睡睡午觉，但他这样做，是为了半夜里起来，精力充沛地检查实验室的工作。

如果要说这个实验小组同世界上其他类似的实验小组有什么不同之处，那就是他们工作特别仔细、认真。

他们除了检修之外是从不切断电源的。物理学家们都跟班工作，一有问题，及时解决。甚至当加速器主机维修时也照常跟班。每隔30分钟就要用手工把全部电压检查一遍，这意味着一天24小时要这样机械地检查48遍，每天还要校正一次探测器。

重光子真是一种稀奇古怪的基本粒子，它刚一出生便立即消逝，正像远方天际的一颗流星，一闪而过，稍纵即逝。你必须得迅速捕捉住它，捕捉住它！……

一年过去了，又一年过去了。

丁肇中和他忠实的伙伴们反复研究重光子的特性，探索它们同原子核作用时的奇特行径，一心要揭示其中的奥秘。

这类实验的复杂程度是一般人难以想象的。它对加速器的测试技术和探测器的性能，都有十分高的要求。

他们用能量很大的光束轰击原子核，制造没有电荷的ρ矢量介子。

他们观测ρ矢量介子、ω矢量介子之间的相互影响。

他们还验证了理论家们对重光子的理论。

十几篇论文签署着他们每一个实验成员的名字，刊登在世界上最权威的物理学术期刊上。1969年，在苏联莫斯科近郊的杜布纳联合核子研究所召开的基本粒子国际会议上，丁肇中作了《矢量介子和电磁相互作用》的综述报告，报告中实验的巧妙、数据的可靠，引起了物理学界同行们的赞叹。这些，都是丁肇中小组全体成员心血的结晶啊！

然而，丁肇中对自己的成果并不满意。他的心情反而一天比一天沉重。他看到的仍然只是三种别人早已发现的重光子。

“新的重光子在哪里呢？”

丁肇中无法摆脱终日在他脑海里盘旋的这个疑问。

探测器，经过了几次改进；数据，也经过了反复核对。

难道世界上就只有那么三个孤零零的重光子吗？

不可能！绝对不可能。

五年的辛劳，没有达到丁肇中预期的目标。小小的基本粒子世界，在他看来，却如浩渺的大海，摸不着边际。

科学事业，好像是一条江河。开头，是涓涓细流，形成一条条小溪，在山涧里曲折、蜿蜒地前进。在前进中，两岸千百条溪水细流不断汇合，就渐渐发育成一条水深而阔的大河。它的表面也许显得平静，但表层下面的水流却一泻千里、奔腾不息。这种迅猛的气势平时也许看不出来，待到它遇到横亘在前进路上的礁石时，就会迸发出惊涛骇浪，显示出巨大的威力。

非议和批评也夹在赞扬声中飘来了，而且越来越多。

“塞缪尔，你何苦把整套人马、全部经费都投在一个毫无希望的实验上呢？其实这方面不会再有更新奇的东西了，还是撤退吧。”

退却？丁肇中可从来没有考虑过。哪怕再花上五年时间，也要把这项研究工作坚持下去。

这也是一场意志和毅力的考验。

人毕竟不是铁打的，即使钢铁也会老化。丁肇中渐渐感到体力不支。他从 20 岁来到密歇根之后，一直处在一种高度紧张的竞技状态，像一根上紧了弦的发条，从未松弛过，特别是近几年来，这根发条越上越紧，简直快要断裂了。

父亲几次来信，劝儿子休息个把星期再说。可是丁肇中哪里能够放得下呢。

1970 年春天，丁肇中感到浑身像虚脱一般，没有一点力气，真是无法再支撑下去了，这时他才想到该去医院找大夫。

大夫放下了听筒，查看了丁肇中的各种诊断报告，同情地望了望丁肇中说：

“早该来看了。你应该休假一年。”

“一年？休假一年？”

丁肇中不相信自己的耳朵，瞪大了眼睛盯着大夫。

丁肇中在忙碌地工作

"是的，你患了严重的神经衰弱症，至少需要休息一年。"

这个意外的消息像晴天霹雳，使丁肇中痛苦极了。

从前再大的阻力也没有叫他退却过，现在，疾病能够如此轻易地让他离开实验室吗？

他想起正在美国和联邦德国工作着的两个实验小组，这些忠实的同事们正在实验室中夜以继日地埋头苦干。在这关键时刻，他怎能离开自己的岗位，对他们撒手不管呢？

"大夫，有什么其他好办法吗？"他带着近乎哀求的语气问医生。

"没有。休息，绝对地休息，除此之外，毫无办法。"

医生的口吻，像是法官在宣判，没有丝毫的商量余地。丁肇中不得已，只好暂时安排了一下工作，回到波士顿郊区列克星敦的家里。

这一年，是丁肇中同库妮结婚的第10个年头。这位德国血统的美国妇女温柔贤惠，她为了让丁肇中有更多的时间从事粒子物理的研究，承担了抚养两个女儿的责任，一度辞退了建筑工程师的职务，留在家里，好让丁肇中没有后顾之忧。

后来两个女儿能自己上学了，库妮才再到麻省理工学院攻读博士学位，以后在一家建筑公司担任设计工程师。在家里，她处处尊重丈夫，还学会一些简单的中文会话。

在哥伦比亚大学期间，该校物理系有一个传统：每逢星期一中午，为物理学家们准备中国菜。丁肇中平时从不讲究饮食，但有机会尝到他熟悉的中国风味的菜肴，自然十分高兴。库妮为了能让丈夫吃到更多的中国菜，特意买了一本菜谱，学做中国菜。

在库妮的精心照料之下，丁肇中的身体逐渐康复了。夜深人静的时候，他望着窗外点点繁星，无限感慨，宇宙中的秘密，真是深奥难解啊。

趁着静养之际，丁肇中重新审查了过去五年来实验的结果，盘算着下一步的工作计划。

实验小组的同事们经常来探望丁肇中，他们带来了最新的实验方案，大家反复商讨，最后决定在世界上三个高能实验基地上同时开展大规模的寻找重光子的工作。

一组将在联邦德国汉堡的同步加速器研究中心，负责寻找 5 亿～20 亿电子伏特范围内的新重光子。

另一组将在瑞士日内瓦的欧洲核子研究中心，寻找 50 亿～500 亿电子伏特范围内的重光子。

再有一组作为整个计划的重点，将在纽约的布鲁克海文国立实验室，寻找 15 亿～55 亿电子伏特范围内的重光子。

要发展所有能使实验取得成功的技术，准备工作的关键将放在一台仪器上，这台仪器应具有非常高的分辨本领。

布鲁克海文国立实验室

韦斯科夫教授没有忘记自己的诺言，这位德高望重的物理学家为了支持丁肇中的庞大计划尽了最大的努力。

1971 年春天，康复后的丁肇中重返实验室。麻省理工学院给丁肇中腾出一栋实验楼，作为他进行科研工作的大本营。联邦德国特地拨了一间招待所，供丁肇中实验小组使用。布鲁克海文国立实验室主任也慷慨地答应丁肇中可以在那里进行实验。

布鲁克海文国立实验室位于美国东海岸靠近纽约的长岛，这里风景秀丽，气候宜人，交通方便。第二次世界大战结束后不久，政府资助几所东部的大学，在这里创建了原子核研究中心。20 世纪 50 年代初，这里发展成为布鲁克海文国立实验室，并建造了世界上第一台质子同步加速器，它可以把质子加速到同宇宙射线能量相匹敌的程度，使粒子物理学家摆脱了靠天吃饭的日子。1961 年，这里又新建了一台能量较第一台质子同步加速器增大了 10 倍的新型质子加速器，它的代号为 AGS，即交变质子同步加速器的简称。这台庞然大物从它诞生之日起就没有让粒子物理学家失望过，用它发现了基本粒子世界中的许多新奥秘。布鲁克海文国立实验室是实验物理学家们神往的地方。

丁肇中当然也看中了这块宝地，他想：5 亿～20 亿电子伏特的区域，过去几年曾在汉堡作过反复探索，看来希望不大；而 50 亿电子伏特以上能量区域的探索，要等日内瓦的新一代加速器建成以后才能进行。显然，工作的重点将放在布鲁克海文。

丁肇中进行实验的申请报告刚提出，批评就接踵而来。道理很简单：用那台质子加速器，按丁肇中的方法去寻找新粒子，真不知比沙里淘金还要难上多少倍。

丁肇中寻找新粒子的方案是根据不久前斯坦福大学的德莱尔教授和年轻的颜东茂（当时还是一个研究生）提出的理论设计的，这两位理论物理学工作者描绘了这样一幅质子与质子碰撞的景象：两个质子疯狂地对撞，绝大部分的碎片变成各种各样的强子，但也有可能湮没成一个虚光子，这个虚光子再转变为一对轻子。有趣的是，一个能量足够大的虚光子在转化成轻子对以前，有可能变成一个重光子。所以，只要在那堆乱七八糟的强子对里把轻子对寻找出来，就有可能根据它们的行为，判断在此以前是否出现过新的重光子。

要实现这个方案，谈何容易。实际上，罕见的轻子对湮没在一大群强子中，要寻找它们，真是大海捞针啊！平均说来，每100万次质子碰撞中，只不过产生一对轻子，好像我们要在1000万人口的特大城市中，寻找10个嫌疑犯一样困难，而且这几个嫌疑犯不知道会在什么时候突然冒出来，也许在中午你打瞌睡的时候，也可能在深更半夜你熟睡的时候，你必须一天24小时不停地开动机器，进行搜索。这样连续工作一个月，两个月，半年，甚至更长时间，你能坚持得住吗？仪器不会出现毛病吗？这就难怪有一些了解内情的同事苦口婆心地劝说丁肇中放弃这项研究了。

“不！即使这也许是波士顿的雨季里，仅在一秒钟内降下的一颗带颜色的雨滴，我也要把它找出来。”

丁肇中坚定地对那些好心的朋友说道。

幸而布鲁克海文国立实验室主任欣赏丁肇中的那股敢于探索未知领域的冒险精神，他在上百封来自世界各地申请做实验的计划书中，只批准了丁肇中提出的实验计划。

丁肇中在与实验小组探讨问题

丁肇中立即着手筹建实验小组。这时外界对这项计划的反对意见似乎并没有减弱。一位著名的物理学家告诉丁肇中，好几年前莱德曼教授和他的小组也在那台交变质子同步加速器上做过类似的实验，除了看到一点莫名其妙的现象外，什么新粒子也没有找到。

已经上了马的丁肇中自然不想打退堂鼓，他再三告诉自己的成员：

“不要管反对意见是多么不可一世，绝不要放弃自己的科学观点，要毫不胆怯地去迎接挑战。”

丁肇中十分清楚莱德曼先生那段不成功的探索，其实，他早已详细地研究过了他们的实验报告，吸取了他们的教训。丁肇中这一次做实验，首先在改进探测器上下了苦功夫，他力排万难，制作了一架分辨本领很大的新型探测器。

七　诺贝尔奖

挑战常识

基本粒子大都是“短命鬼”，像已发现的几种重光子，寿命只不过一亿亿分之一秒。物理学家感到用通常的时间单位来衡量这样短促的寿命实在太别扭了，于是改用“宽度”来表示它们的寿命。如果在某一能量时，你探测到几个粒子，你就在以能量为横坐标，粒子数目为纵坐标的图纸上标一个记号，如此反复多次，你会看到在图上出现一个小小的山坡，山坡的宽度同粒子的寿命有关，粒子的寿命越短，山坡越显得平坦，也就是说，宽度越大。所以，粒子物理学家讲，那些已发现的粒子，都是大宽度粒子。

可以毫不夸张地说，探测器就是实验物理学家的眼睛。对于那些肉眼看不见，但又瞬息万变的基本粒子来讲，探测器的作用更是重要。科学家们发明了多丝正比室、盖革计数管、闪烁计数器、契伦柯夫计数器等多种探测器，其种类之繁多，令人望而生畏。著名物理学家杨振宁在他所著的《基本粒子发展简史》一书中曾经讲道：

> 体积庞大的加速器和探测器当然需要许多工作人员来看管。……
>
> 向庞大的体积发展的这种必然的趋向是不幸的，因为它阻碍了自由的和个人的创造，并使研究工作变得不够亲切、不够生动和不易于掌握。……
>
> 使人们充满着一种错综复杂的感觉，一方面对于技术的进步感到钦佩，另一方面对于仪器的复杂程度和体积的迅速增长的前景感到疑虑。

丁肇中虽然不是一位经济学家，但也深知探测器同样服从价值法则。第一次世界大战末期，著名的卡文迪什实验室每年才不过用 500 多英镑的经费来添置新仪器，而目前需要的这些现代化的仪器，却经常要花费成千上万美元。如果你再过分强调它的分辨率，那花费就等于是一个无底洞，多大的投资也无法填满。不仅如此，极其精确的仪器制作，还要花费许多宝贵的时间。在当今这个竞争激烈的世界上，失去战机，就意味着把自己降到第二流的水平上。丁肇中完全懂得他是在冒风险，他反复考虑到：在质子加速器上寻找新粒子，只有两条路可以选择。一条是用老一套的办法，像莱德曼那样去探索，结果当然是什么也发现不了；另一条路是制作比莱德曼他们更高明的仪器去探测，尽管投资巨大，但是有获得新发现的可能。权衡得失后，丁肇中选择了后者。

当丁肇中在 1972 年正式向布鲁克海文国立实验室提出这个实验的计划时，他受到了公开的批评和非难。首先，这一实验非常困难，而且费用很大。

一位著名的物理学家曾经断言：即使丁肇中的实验能够搞起来，也没有什么价值。因为实验的目的是要寻找长寿命的重粒子，而在丁肇中计划实验的能量区域内，这样的粒子是根本不存在的。然而，对于丁肇中来说，只有实验才是他追求真理的唯一手段。他决定按自己原来的设计进行实验。

一天，一位权威的物理学家参观了丁肇中的工作室，见到陈敏博士正在试制的高分辨本领的探测器后，大为吃惊，他拍拍丁肇中的肩膀说：

“老兄，你难道连这点常识也不懂，在那个区域，即使有什么新的粒子出现，也不过是些宽度很大的粒子，你为什么要花那么大的本钱去搞这种劳民伤财的玩意儿呢？”

丁肇中毫不示弱，他反问说：

“先生，这不是懂不懂常识的问题，而是要靠事实来回答。一般说来，我是不相信理论上的争论的。”

什么叫常识？常识就是不经证明而常常引用的知识。一个人不可不懂常识，但是过分迷信常识的人，就会错过一些重大发现的机会。历史上这类例子是不胜枚举的。欧几里得认为，通过一点只能做一条与另一直线平行的线，这条欧几里得几何学的著名公理，几千年来一直被人们认为是常识，但是后来它被罗巴切夫斯基（Н.И.ЛобаЧевский）动摇了；时间是绝对的，这是牛顿力学中的常识，后来被爱因斯坦看出了破绽；宇称总是守恒的，这本来也是一条常识，却又被李政道和杨振宁两位物理学家所动摇了。

现在，丁肇中决心向常识挑战了。

世界上有两种实验物理学家，一种听理论物理学家的话，由理论物理学家综合许多实验结果及旧学说，找出其规律性，进而提出了新的假说或判断，由实验物理学家们去求证；另一种实验物理学家却凭自己的科学判断去选择实验。

从丁肇中的气质来看，他属于后一种类型，他喜欢做自己认为重要的实验，追求自己的实验目标。

实验的准备工作在紧张地进行着。实验物理学家都是实干家，从仪器的设计、制作、安装、调试，到屏蔽物的租用，都要自己动手去解决。

作为粒子物理实验组主任的丁肇中，还要周密盘算实验的战略和战术，犹如指挥一场瞬息万变、极为复杂的战斗。仪器应该怎样安置？工作人员如何调动？可能会出现哪些故障？一旦中途出了问题应该如何应付？这一系列问题，都必须事先尽可能周密地考虑，因为实验一开始，就好像上了战场，手忙脚乱、仓促上阵就非打败仗不可。一个多丝正比室装有 8000 根极细的金丝，如果实验过程中有一根出了毛病，你就得搬走围在周围的上千吨水泥，才能修理。所以，一切准备工作，事先必须做到万无一失。

丁肇中与他的同事们耗尽心血，夜以继日地工作着。

丁肇中计划的这次实验，要在极高能量的质子轰击之下进行。为了保护在场科学家的安全，必须使用大量的屏蔽物。初步估计，大约需要上万吨水泥，还需要 100 吨铅、5 吨铀、50 吨肥皂等。

从哪里去搞这么多的东西呢？正巧，联邦德国汉堡有一台加速器要关闭，有一批屏蔽物搁着没有用。

丁肇中立即乘飞机去汉堡商谈租借的问题。

那位主人非常慷慨，一口答应把那堆他们看来已无多大用处的材料租借给丁肇中使用，同时还对丁肇中说：

“随便你什么时候来取都可以。”

回到旅馆，突然接到实验组打来的紧急长途电话，报告说：“一只高压粒子探测器爆炸了！”这个突如其来的消息使丁肇中大吃一惊。他知道，这种内部压力很高的探测器，爆炸时的威力并不亚于一枚具有相当杀伤力的炸弹。对方又在电话里说：“不过，请放心，一个人也没有受伤。”因为，当时所有的工作人员都待在附近的一个工作室里。丁肇中终于松了一口气。

到 1972 年的夏天，丁肇中小组制造了好几台探测器，运往汉堡的基地去做实验。不幸的是，都没有达到预期的效果。

直到 1973 年上半年，还是毫无进展。

那年秋天，正当实验处在毫无进展的困难时刻，布鲁克海文国立实验室的李阳勇博士毅然参加了丁肇中的小组，增强了这个实验班子的阵容，由他设计的供实验用的强力质子光束，经实验测定性能好极了。

丁肇中意识到一切准备就绪，下一步可以动手实验了。于是下了一道命令，让三个实验小组都集中到布鲁克海文，进行实验前的部署。

1974 年初夏，他们废寝忘食地日夜奋战，终于使一切准备就绪了。

J 粒子

命运之神为丁肇中选择的这条崎岖小道设置了种种意想不到的障碍。

1974 年 4 月初，开动加速器的第一天，刚从主加速器引进质子流，计数室的警铃就响了。丁肇中立即命令切断质子流。大家来到计数室一看，全都惊呆了。他们发现计数室已经射进了致命的射线，必须立即采取紧急措施。

丁肇中和他的同事们反复检查，都找不到原因。他们已经用 1 万吨水泥堆成一个小山坡，把计数室团团保护了起来，按说这样厚的防护层应该是十分安全的，可是，射线为什么还是莫名其妙地钻进来了呢？

时间一个星期又一个星期地过去了，仍旧没有找出发生问题的原因。实验的时间不能再拖延了，看来这次实验有夭折的危险，丁肇中和他的同事们忧心忡忡。

一天，丁肇中的得力助手贝克尔（U.Becker）在计数室里来回踱步。实验一开头就碰上这件倒霉的事情，使他好几天不能入睡。蓦地，贝克尔发现有几组盖革计数管的信号特别强，似乎暗示那股致命的射线是从某一个方向漏进来的。

丁肇中听到这个消息后，立即召集全组成员，赶到现场仔细检查，果然发现，虽然已使用了大量防护物，但是粒子束制动器的顶部却保护得不够严密，强大的辐射就是从那里渗进来的。

堵塞了这个漏洞后，计数室里的辐射剂量就大大降低了。

现在待在里面的工作人员不会再有什么危险，实验可以重新启动了。这时候，已经到 1974 年的 4 月底了。

丁肇中的战略是先在能量较高的区域搜集一些数据，目的是对整套仪器进行调试。

“一定要确保实验得到的每一个数据的有效率接近百分之百。”

这是丁肇中一开头就对自己小组下达的命令，也是他多年来的一个奋斗目标：每一项实验的结果都要经得起时间的检验，不能出现一点错误。为了确保观察没有遗漏，丁肇中规定每个实验都做两次，检查两次。这就使他能够蛮有把握地声称，他所发表的任何东西，只可能有印刷上的错误。

对于一个实验物理学家来讲，“正确”二字是最重要的，因为它反映了一个人的治学态度。

一位著名的原子物理学家曾经告诫过他的学生：实验报告写完，放一段较短的时间以后，应当用怀疑的眼光再看一遍，然后再进行最后的润色定稿，这是必不可少的一步。

丁肇中把实验物理学家的这种审慎态度看得非常重要：要不断对自己的实验结果和能力表示怀疑，要反复检查每一步工作。

小组的成员早已习惯了丁肇中这种似乎有些“吹毛求疵”的要求，他们知道也只有这样，才会取得成功。

可是，要做到这一点，谈何容易？

丁肇中实验小组整整用了几个月的时间来完成这项一般人看来似乎是多余的实验。一直到一切都有把握之后，丁肇中才决定正式从头开始进行实验。先从机器能够提供的最高能量区域探测起，然后再一点点地向下降。

在一间摆满计算机、各种测试仪器的房间里，丁肇中和他忠实的同事们日夜忙碌着。为了保证实验不出差错，及时处理随时可能出现的意外情况，丁肇中实行了物理学家跟班工作的制度，他还把工作人员分成两班，让他们互相竞赛。

“你们必须避免根据常理作出的任何判断。要记住，每一个实验必须做两次，再检查两次。”大家全都明白，丁肇中是他们当中干劲最大的，他也要求同事们具有同样的干劲。他们每天的工作时间经常在 16 个小时以上。丁肇中素以能长时间连续工作而闻名。他常常半夜里爬起来，去检查工作，阻止人们离开实验室。工作人员不免要嘟囔几句，但大多数实验组成员都从这紧张的工作中得到了好处。他们明白，要站在物理学的前沿阵地上，这点牺牲是值得的。

几乎花费了大半个夏天的时间，他们在能量为 40 亿～50 亿电子伏特那一区域反复寻找新粒子，却毫无收获。一位组员说了一句：“看来过去批评我们沙里淘金的人也许是说对了。”丁肇中立刻瞪了他一眼。

8 月底，他们把寻找的能量范围向下调低了一些，又开始了一轮新的探索。突然，仪器出现了反常的现象，计数器接收的信号骤然增加。

“是仪器出了毛病？”丁肇中明知道这是不大可能的，因为他们早已对仪器进行了几个月的考验。

“莫非果真有一个新粒子？”这个念头在丁肇中脑子里一闪。他竭力抑制住自己的激动心情，再三叮嘱组员们：“重新测试，检查、再检查。”

全体实验小组的成员把小小的控制室挤得水泄不通，随着能量逐渐接近 30 亿电子伏的区域，他们的心跳越来越快。大家的脸上流露出掩饰不住的兴奋。一向冷静的丁肇中，今天也无法抑制内心的喜悦，注视着仪表的动静。

已经可以毫不含糊地讲，在他们面前，果真出现了一个新粒子。

大家相互握手，相互拥抱，彼此表示欣慰、谢意、信赖和祝贺。殚精竭虑，10年辛劳，今天终于结出了硕果。这种无法用笔墨形容的喜悦心情，唯有亲身经历过的人，才能感受得到。

几天以后，经过计算机处理的实验数据又出现在丁肇中面前，当他把这些数据一点一点地绘在图上时，不觉惊呆了。

原来，在31亿电子伏特处，出现了一个又狭又高的峰，峰的顶部已经越出了那张图纸。按照常识，在这个区域，即使有新粒子出现，应该也只是一个平坦的小“土堆”。

现在，那座拔地而起、插入云霄的高峰，分明表示有一个新的重粒子产生出来，这个粒子度过了相当“长”的寿命之后，分解成正负电子对，消失了。这个粒子异乎寻常地长寿。

“这是一个真正的新发现。”丁肇中从惊讶中清醒过来。

丁肇中要求小组全体成员对外界绝对保密。必须再次核实这个实验，一定要做到万无一失。越是重大的发现，越是要慎重、周密。

他们用了两套截然不同的方法来检验新粒子，两组人员，两种步骤，两组数据……最后竟得到完全相同的结论——确确实实有一个寿命长得出奇的新粒子出现在他们的眼前！而且这个粒子的行为是前所未闻的。

这个新粒子究竟如何命名？根据丁肇中与他的组员们商量的结果，最后称它为J粒子。后来，外界有一个误会，以为J粒子就是丁粒子。其实，这只是巧合而已。丁肇中的原意是想用这个粒子来纪念他们在探索电磁流性质方面，花了10年功夫才获得的这项了不起的新发现，文献中习惯用J来表示电磁流，因而以J字命名。

自10月底起，组员们要求他们小组的主持人丁肇中迅速正式发表这项伟大的研究成果。陈敏博士还进言说：

“有一只鸟在手中，总比在林中的两只鸟好。”

丁肇中迫于压力，最后同意发表实验结果。为了此事，丁肇中还专门拜访了《物理评论通讯》杂志编辑特里格（G.Trigg）先生，并询问过去该杂志不经审查发表论文的规定是否改变。特里格先生做了肯定的答复后，丁肇中就按照他们1967年的那篇关于量子电动力学的论文的文体写了一份简单的草稿。11月12日，他把实验结果的论文交给了特里格。

丁肇中本想找一个有意义的日子发表发现J粒子的消息，他想起10月17日在麻省理工学院要举行一个会议，专门欢送物理学界老前辈韦斯科夫退休。这位老教授从前曾对丁肇中有过很大的帮助，这可是一个极好的机会。

可是临近10月中旬，丁肇中又打消了发表的念头，他还想对外界保密一段时间，因为他想进一步搞清楚有关新粒子的某些内质，而且他想，也许在J粒子附近还有什么“怪物”，为什么要错过这个好机会呢？若能把它们一网打尽岂不更好！

然而世上很难有绝对保密的事。

10月13日，有人提醒丁肇中，他们借用的汉堡加速器快要满期了，如果不及时打招呼，恐怕下一轮更高能量区域的探索将会落空。于是，他们告诉加速器管理当局，希望能延长使用期限。

10多天之后，斯坦福大学的史威兹先生来见丁肇中，表示丁肇中小组使用的加速器满期后，就该轮到他使用。

当史威兹先生问：

“听说你们新发现了一些奇怪的现象，能否告诉我有关的实验结果呢？”

丁肇中不准备把材料传得更远，也不想用这种方式宣布实验结果，于是说道：

“实验尚在进行之中，现在谈论有什么新的发现还为时过早。如果我发现了什么新粒子，我愿意拿出10美元来打赌。”

史威兹先生欣然同意和丁肇中打赌。他走后，丁肇中回到房间在备忘录上写下十个大字：“我欠史威兹先生十美元。”

11月上旬，丁肇中安排了一下组里的工作，就动身到加利福尼亚州，去参加一次加速器委员会的例会。

清晨，刚下过阵雨的马路显得特别干净。清新的空气从汽车挡风板里吹进来，丁肇中松开了领结，摸了摸那份藏在怀里的实验报告。

“多年的心血，总算有了结果。”

这几天，他的心情特别舒畅、轻松，他知道这是一项将会使全世界物理学界大吃一惊的发现，但是丁肇中还不想把这个秘密很快公之于众。

汽车一直开到洛根机场。在那里，丁肇中搭上去西海岸加利福尼亚的班机。

飞机刚起飞，丁肇中就迷迷糊糊地睡着了。他已经好几个月没有好好地休息过，紧张的实验使他的脑筋像一根绷得紧紧的弦。现在大概可以稍微松一松，休息一下了。

到达加利福尼亚之后，丁肇中在离斯坦福直线加速器实验室不远的帕洛阿尔托旅馆吃过晚饭，打算先好好地睡上一觉。刚想脱衣服，服务台通知他说，有人从马萨诸塞州给他打来紧急长途电话。丁肇中拿起话筒，只听得对方用焦急的声音说：

“丁，我刚得到一个可靠的消息，你知道那个在斯坦福正负电子对撞机上工作的里克特（B.Richter）吗？他们也发现了这个新粒子……”

没等对方把话讲完，丁肇中立即明白已发生了什么事情，现在，他必须立即公布有关发现J粒子的消息，一分钟也不能耽误。

科学发现的狭路相逢

丁肇中做梦也没有想到，有人在美国的另一端——西海岸的斯坦福直线加速器中心，也找到了那个奇怪的新粒子。而且，这个人从一开头就处在比他更有利的地位。他叫里克特，是一位电子加速器专家，他使用的是一台新建成的正负电子对撞机，也就是说，用不着像丁肇中那样从几百亿滴雨中去寻找那几滴异色的雨。因为用正负电子对撞机制造重光子，它的产物比较“干净”。

早在20世纪50年代，里克特就对电子-正电子储存环（对撞机）技术发生了兴趣。这种设备可以使高速飞行的电子储存在一个环形高真空系统里，积累到一定数量后，让它同自己的对头——正电子碰撞，在极短的时间内湮灭成一团高能火球，这个火球可以转化为强子，包括一些称为重光子的粒子。1961 年，里克特与另一位物理学家合作，着手设计一台更大的电子-正电子储存环。可惜，由于资金困难，一直到 1970 年才开始动工建造，于 1972 年竣工。

1974 年夏天，世界上有好几台电子对撞机发现，在能量接近 30 亿电子伏特的时候，实验曲线同理论之间会出现某种分歧，这种现象曾一度引起理论上的许多猜测，但是谁也没有料到，这里包含了一种新粒子的信息！

当然，1974 年 1 月，当里克特小组在记录实验数据时，也曾发现过这一反常的现象。“也许是仪器在开玩笑。”里克特这样想。5 个月以后，等到加速器的能量又重新缓慢地回复到这段区域时，又发现了这种反常现象，结果明明白白放在他们的眼前，不可能是仪器出了毛病。

“再复查一下吧。”实验小组的几个科学家请求里克特，因为他们已经意识到，可能有一种新现象要出现了，但是谁也没有料到这是由一个新粒子引起的。

像任何一台复杂的机器在调回原来工作状态时一样，斯坦福的那台机器，一直到 11 月 9 日才回到它的起点。这时，丁肇中他们已经看到了 J 粒子的信号了。

这一次，里克特决定对加速器进行微调，让加速器的能量一点一点地增加。11 月 10 日是星期天，三位值班的物理学家突然从显示的实验曲线中醒悟到，在他们的眼前出现了一个新粒子。

实验小组的成员闻讯赶来。当里克特把那个高峰指给在场的斯坦福直线加速器实验室总指挥帕诺夫斯基看时，这位实验老手激动得嘴里一再喃喃地叨念说：“啊，我的天啊！”

他们给这个粒子起了一个名字——ψ 粒子。

里克特的一位助手奉命立即起草了一篇文稿，准备寄给《物理评论通讯》，他们不打算对此保守秘密。其实，也无法保密了，因为这一发现在几个小时前已传遍了实验中心。

得知里克特也找到新粒子的消息的第二天早晨，在斯坦福直线加速器中心的会议室里，丁肇中一遇见里克特，就说：

"伙计，我有件物理学趣闻要告诉你。"

里克特是个聪明人，没等丁肇中从怀里掏出那份实验记录，就打断了丁肇中的话，回答说："不，丁，我也有件物理学趣闻要告诉你。"

在场的来自各大学实验中心的物理学家听得发呆了，他们看到两份实验报告并排摆在会议桌上，唯一的差别是丁肇中把他们发现的粒子叫J（吉）粒子，而里克特则称它为ψ（普赛）粒子。

原定的加速器例会，由于这个突如其来的好消息，临时改变了议程。

"J/ψ 粒子——一个从未见过的怪物诞生了！"整个斯坦福中心沸腾了。

现在，他们平分秋色。在美国的东海岸地区，它叫J；在西部，它叫ψ。如果你弄不清，就管它叫"J/ψ 粒子"（"吉普赛"粒子）好了。

11 月 11 日，罗马的弗拉斯卡蒂（Frascati）实验室主任贝莱蒂尼（G.Bellettini）接到他的好友丁肇中的来电，立即把加速器调到了丁肇中关照的那个能量区域，四天以后，他们也看到了J粒子信号。

消息传到麦迪逊的威斯康星大学，物理系的教授们立即集会，大家交换从各渠道听来的小道新闻，进行了分析，房间里的人挤得水泄不通。许多研究生也闻讯赶来，有三个学生从前还拿不定主意，到底选什么研究课题好，在一小时之内，他们全都下了决心：要从事基本粒子研究。

芝加哥大学的南布教授，刚接到来自斯坦福的电话，就叫秘书通知手下的人员立即紧急集会，他激动地说："刚刚接到斯坦福直线加速器中心的电话，发现了一个新粒子，它的质量是31亿电子伏特，寿命异常的长……"

正在巴诺维亚的一台强大的加速器上紧张地寻找新现象的莱德曼教授，听到丁肇中的发现，更是大吃一惊。因为几年前，他就在丁肇中工作的那台加速器上工作过，只看到了一些模糊的反常现象，便放弃了探索，带领全班人马转移到条件更好的巴诺维亚费米国立加速器实验室继续搞研究。现在莱德曼明白过来了，也许一生难得一次的获得诺贝尔奖的机会从他自己的眼皮底下溜走了。毛病出在什么地方呢？原来就出在那台探测器上。当初莱德曼只是强调了探测器的灵敏度，而忽视了它的分辨本领。从传统的常识来看，莱德曼这样做是无可非议的，因为这类新粒子都具有很大的宽度，花大本钱去提高仪器的分辨本领，岂不是杀鸡用牛刀？然而，J 粒子偏偏是一个宽度极窄、异峰突起的“怪”粒子，莱德曼的探测器分辨不清它的真面目，就好比戴了皮手套去摸一粒沙子一样，任凭你有多大的本领，也无济于事。丁肇中恰恰是不顾传统的习惯，顶住了反对意见，强调了改进仪器分辨本领的重要性，战胜了一个又一个困难，出奇制胜，才取得成功。这里，我们不由得想起铭刻在贝尔实验室贝尔塑像下面的一句忠告：

“有时需要离开常走的大道，潜入森林，你就肯定会发现前所未见的东西。”

J 粒子的发现，在物理学界掀起了轩然大波，这个意料不到的发现使实验工作者和理论工作者都大为惊异。这正好说明现有的基本粒子理论中出了一个大漏洞。否则，为什么事先没有预言到它的存在呢？

这个神秘的粒子几乎吸引了全世界所有的粒子物理学家，实验中心来客接踵而至，电话终日不断，到了深更半夜，还经常有人来电询问实验的进展，要求核对自己的理论估计。

新发现的粒子是人们盼望已久的重轻子吗？当时已发现的轻子有电子、μ 子和两种中微子（电子型中微子和 μ 子型中微子），按照规范场理论的预言，应该有一种质量很大的轻子——重轻子存在。然而，实验结果表明，J 粒子不是重轻子。

那么，它是弱电统一理论所要求的中间玻色子吗？或者它是狄拉克在几十年前预言过的只有一个磁极的磁电极子吗？

成批的论文像潮水一样向高能物理的各种学术刊物涌来，几乎把其他课题都淹没了。

它成了每次国际性学术会议的中心内容，丁肇中也成了物理学家中的一颗明星。

自从 1897 年汤姆逊（J.J.Thomson）发现第一个基本粒子——电子以来，

已经过去了一个多世纪，迄今基本粒子已变成拥有 300 多个成员的庞大家族了。然而，像J粒子那样能在世界范围引起轩然大波的，却非常罕见。

究竟是什么原因使得这个粒子身价百倍呢？原因就在于这个粒子的“怪”上。

J 粒子，怪就怪在它的寿命特别长，要比其他伙伴长 1000 倍！设想在我们中间，若有一天突然闯进来一个 7 万多岁的老人，那世界舆论的轰动简直不可想象了。

世界各国的理论和实验物理学家对这个J粒子研究了几年，才把它的长寿之谜揭开。原来，这个粒子是一种含有新型夸克的强子。

夸克对于大多数读者来讲，也许是一个莫名其妙的名字，你无法在早期标准英汉大词典中查到它的出处。可是，早在 20 世纪 60 年代，夸克就与粒子物理学家结下了不解之缘。

20 世纪 50 年代末，物理学家们曾面对一群数目越来越多的基本粒子发愁。怎样才能找出一个头绪来，把这些粒子理清楚呢？

1962 年，在日内瓦的一次国际讨论会上，年方 31 岁的美国加州理工学院教授盖尔曼（M.Gell-Mann），提出了一张基本粒子的“周期表”，把当时已发表的 100 多种粒子，分门别类，贴切地排列在规定的表格中。他指着表格上的一个空格预言道：“如果我的理论是正确的，那么，这里应该有一个带负电的粒子，质量约为质子的两倍，我们不妨叫它 Ω^-（奥米加）粒子，可惜它现在还没有被发现。”

另一位以色列的物理学家内埃曼（Y.Neéman）在会上也提出了类似的看法。他们的演讲，引起了布鲁克海文国立实验室的斯米欧博士的极大兴趣。斯米欧的实验室里，正巧有台代号为 AGS 的质子加速器，可以提供足够的能量来制造 Ω^-粒子（如果它是确实存在的话），而且还有一个刚完工的气泡室可以用来作为探测之用。

回到布鲁克海文，斯米欧立即着手做必要的准备工作，114 位专家参加了这项工作。开头，实验进行得并不顺利。直到 1964 年 1 月 27 日上午，才在第 97 025 张气泡室照片上找到了 Ω^-粒子衰变时留下的特殊痕迹。盖尔曼的预言被证实了。

但是盖尔曼自己心中有数，他提出的理论并不完善，那张表上还有另外三个重要的位置空着呢。它们理应由三种比基本粒子更深一层的亚粒子来占据。使人难以置信的是，这三个亚粒子要分别带有+2/3，−1/3 和−1/3 的单位电荷。这可真离奇，因为迄今为止，自然界里的所有电荷，分到最后，总是电子电荷的整数倍。

盖尔曼从 21 岁起，就不断在粒子物理的研究中做出贡献。Ω^-粒子的发现，更使他声誉大增。但他不愿把自己的名声抵押在三个带有分数电荷的怪物上，万一发现不了，岂不变成笑话。所以，盖尔曼只是在一次同朋友的私人通话中，半开玩笑地给这些亚粒子起了一个一般字典上查不到的绰号——夸克（quark）。他说："现在所有的强子，都可以用这三种夸克像搭积木一样拼凑起来，可是夸克的性质太离奇了，所以它们也许根本不存在，只是一种数学符号而已。"

并不是所有的人都同意盖尔曼对夸克的看法的。

"为什么没有勇气承认夸克是一种物理实体呢？物质是可无限分割的，物质的形态也是无限多样的，不用说分数电荷，就是电离的性质，在人类尚未进入的层次中，也是有可能出现的。"

不管怎么说，有关夸克的概念，渐渐为越来越多的物理学家所接受。他们认为，已发现的所有强子，几乎都可以用三种夸克简单地加以解释。理论与实验的结果如此一致，以致在有些人看来，简直很难想象，还能有其他的夸克会闯进这个小小的夸克家族中来。

大约在 1964 年，尽管也有少数几位物理学家提出过，可能存在着第四种夸克，他们甚至还为它起了个新名字——魅夸克，即富有魅力的家伙。但是由于没有实验上的根据，大多数物理学家对这种新夸克的理论观望不前，尤其是夸克家族的扩充，会引起一大串新粒子的出现，所以大家对此更是持慎重的态度。

J 粒子发现了。它的长寿，使物理学家们又想起了魅夸克。因为如果 J 粒子是含有魅夸克-反魅夸克的最轻的一类新强子，那么，由于物理学上的一条规则，它衰变为其他夸克的通道几乎是堵塞的，所以它的长寿（稳定性）当然就是不言而喻的了。

今天，有关J粒子的理论已得到了证实，现在科学家把第四种夸克称之为粲夸克。而J/ψ粒子可看成为粲夸克与反粲夸克构成的束缚状态。丁肇中以他的发现，使得高能物理学进入一个新的境界，给亚粒子世界重绘了一幅崭新的图画。

华夏之声响彻诺贝尔颁奖大厅

丁肇中的发现，为世界上所有设备完善的实验室开辟了新的前景，带来了巨大的活力。沉静了多年的高能物理，像突然注入了一支兴奋剂，活跃起来了！沸腾起来了！

新粒子的发现也引起了一阵小小的风波，因为J/ψ粒子出现得如此巧合，于是，“谁先发现了它？”这类议论也随之传开了。《纽约时报》和《科学》杂志，都有人发表这方面的言论。

丁肇中这时表现了宽宏的气量，采取了轻名利、重事实的态度，他说：“谁做了什么，谁先发现了什么，大家心里有数，别人也看得很清楚，其实没有什么可以争论的”。

这种正直的学者风度，引起了众人的喝彩和赞许。

斯坦福大学的史密斯教授也出来作了证：从时间上讲，是丁肇中早几天发现了新粒子，而且他们走了一条比其他实验室都来得更艰难的小道。

美国发行量很大的《新闻周刊》撰文评价说：

> 这是基本粒子科学的重大突破，对于近半个世纪以来，物理学家努力寻求解析自然界的基本结构，具有重大的意义和贡献。

麻省理工学院院长威斯纳更为本院的科学家做出了这样重大的贡献而感到自豪，他在祝词中说：

> 丁教授的研究，已为人类开拓了宇宙未知的领域，并使基本粒子物理学迈进到了一个新的境界。

1975 年 2 月 14 日，美国总统福特也发来了贺电：

亲爱的丁教授：

得知由布鲁克海文国立实验室和麻省理工学院组成的一个研究小组，以及斯坦福直线加速器中心与劳伦斯伯克利实验室组成的小组，发现了新的、寿命更长的重粒子，我深感兴趣。在此，我谨代表美国人民，祝贺你和你的同事对此项重大发现所做出的努力和贡献。

我更希望，这种基本学术知识的重大发现，会促进科学的更进一步的突破，进而能够造福人类。对于美国研究项目能在各个科学领域保持领先的地位，我尤其感到骄傲。

我确信，处理这项新发现的新的实验工作，将会以高度的精神、热忱与兴趣来进行。我谨对在这方面力求成功的科学家们，致以最高的祝福。

H.R.福特

1976 年 10 月 18 日下午 12 时 16 分，瑞典皇家科学院的秘书长伯恩哈特，给当时在日内瓦欧洲核子研究中心的丁肇中发来一份热情洋溢的电报：

瑞典皇家科学院今日以 1976 年诺贝尔物理奖金平分颁予美国丁肇中教授和美国伯顿·里克特教授，以奖励他们在发现一种新的基本重粒子方面的先驱性工作。

诺贝尔自然科学奖是举世公认的最高科学奖。它是根据瑞典化学家诺贝尔（Alfred Bernhard Nobel，1833—1896）1895 年 11 月 27 日最后一份遗嘱设立的，以其固定资产的 920 万美元作为基金，把年息的 90%作为奖金，授予世界各国“对人类做出重要贡献的人”。

诺贝尔于 1896 年 12 月 10 日逝世。此前，他曾先后立下过三份内容非常相似的遗嘱。第一份立于 1889 年；第二份立于 1893 年；第三份则立于 1895 年，存放在斯德哥尔摩的一家银行，也就是以它为准的最后遗嘱。

这份遗嘱取消了分赠亲友的部分，将自己的全部财产用于设立奖励基金，于 1897 年年初在瑞典公布于众：

签名人阿尔弗雷德·诺贝尔，在经过成熟的考虑之后，就此宣布关于我身后可能留下的财产的最后遗嘱如下：

我所留下的全部可变换为现金的财产，将以下列方式予以处理：这份资本由我的执行者投资于安全的证券方面，并将构成一种基金；它的利息将每年以奖金的形式，分配给那些在前一年里曾赋予人类最大利益的人。上述利息将被平分为 5 份，其分配办法如下：一份给在物理方面做出最重要发现或发明的人；一份给在化学方面做出过最重要发现或改进的人；一份给在生理和医学领域做出过最重要发现的人；一份给在文学方面曾创作出有理想主义倾向的最杰出作品的人；一份给曾为促进国家之间的友好、为废除或裁减常备军队以及为举行和平会议做出过最大或最好工作的人。物理和化学奖金，将由瑞典皇家科学院授予；生理学和医学奖金由在斯德哥尔摩的卡罗琳医学院授予；文学奖金由在斯德哥尔摩的瑞典文学院授予；和平奖金由挪威议会选出的一个五人委员会来授予。我的明确愿望是，在颁发这些奖金的时候，对于授奖候选人的国籍丝毫不予考虑，不管他是不是斯堪的纳维亚人，只要他值得，就应该被授予奖金。

我在此声明，这样授予奖金是我的迫切愿望。

这是我的唯一有效的遗嘱。在我死后，若发现以前任何有关财产处理的遗嘱，一概作废。

阿尔弗雷德·伯哈德·诺贝尔

1895 年 11 月 27 日

在诺贝尔的遗嘱刚刚公布的时候，非议众多，包括他的亲人和同胞，尤其是报界公开鼓励其亲属提出上诉，主要理由是所谓的“法律缺陷”和“不爱国”。报界说，一个瑞典人不注重瑞典的利益，既不把这笔巨额遗产捐赠给瑞典，也没有给瑞典人甚至斯堪的纳维亚人获奖的优先权，从而给瑞典人带来不能给他们任何利益的麻烦，那纯粹是不爱国的，瑞典的奖金颁发机构将不可能令人满意地完成分派给他们的任务。

而对法律缺陷的批评，曾被认为将使整个遗嘱失效。因为遗嘱中没有明确讲出立嘱人是哪国公民。这样一来，就难以确定该由哪个国家的执法机关来判决遗嘱的合法性，更无法确定该由哪国政府来组织诺贝尔基金委员会了。这个指责并非一点道理也没有，因为，诺贝尔生在瑞典，成长在俄国，创业活动遍及欧洲，晚年也没有成为任何一个欧洲国家有国籍的公民。

由于遗嘱执行人、诺贝尔生前的助手拉格纳·索尔曼等人的不懈努力，1898 年 5 月 21 日，瑞典国王才终于宣布诺贝尔的遗嘱生效。1900 年 6 月 29 日，瑞典国会通过了诺贝尔基金会章程。1901 年 12 月 10 日，即诺贝尔逝世 5 周年的纪念日，颁发了首次诺贝尔奖，成为第一个世界性的科学奖项。第一位获诺贝尔物理学奖殊荣的，是发现 X 射线的德国著名实验物理学家伦琴（W.C.Röntgen）。

诺贝尔奖获得者无疑都是杰出人才。

一百年来，诺贝尔科学奖不仅见证了 20 世纪科学技术的迅猛发展，而且因为其对基础科学的重视和对科学人才的奖励，推动了全世界的科学研究热情。科学家们希望公众能从获得诺贝尔奖的科学家的成长和科研经历中，获得有益的启示。

从 1901 年起，每年颁发物理奖、化学奖、生理或医学奖、文学奖与和平事业奖。

根据诺贝尔基金会评选章程规定，获奖者除了可以获得当年颁发的那份数额可观的奖金之外，还可以获得一枚金质奖章和一份获奖证书。金质奖章的正面为诺贝尔侧面浮雕头像和生卒年月日，反面根据得奖人的情况而雕刻了不同的图案。授奖日期定在每年 12 月 10 日诺贝尔逝世纪念日这一天，授奖地点在瑞典首都斯德哥尔摩。斯德哥尔摩是诺贝尔的诞生地，位于波罗的海西岸、迈拉伦湖入海处，由 14 个岛屿组成。市内水道纵横，素有“北欧威尼斯”之称。

当丁观海得知儿子获得诺贝尔奖的消息时，真是喜出望外，他想起几年前儿子来信中的一句豪言：“未来 10 年将有希望获得诺贝尔奖”，如今竟成为现实，不禁暗暗称奇。他当然清楚，这项崇高荣誉的取得，绝不是偶然的，这是儿子多年来废寝忘食、呕心沥血的结果。

丁观海立即从台北发了两封电报，一封发给波士顿的儿媳和两个孙女：“恭喜你们全家。”

另一封电报发到瑞士日内瓦，直接发给正在那里做实验的儿子：

“恭喜您荣膺1976年诺贝尔物理奖桂冠。”

在瑞士日内瓦的欧洲核子研究中心，长途电话、电报和记者采访，使丁肇中应接不暇、疲劳不堪。直到三天过后，他才在纽约机场给父亲挂了长途电话。电话一接通，丁观海就抢先道贺说：

“塞缪尔，恭喜了！你收到了我的贺电了吗？”

“收到了，收到了。爸！您好吗？记者们搞疲劳轰炸，应付他们简直比搞研究还辛苦。您到美国来一趟，跟我一起去斯德哥尔摩参加颁奖典礼，好吗？”

丁观海高兴地答应了。

按照惯例，获奖人要在颁奖典礼上用本国语言发表讲演。可是，丁肇中向瑞典皇家科学院写了一封信，提出了一个请求：先用中文发表讲演，然后再用英文复述。

自从1901年第一次颁发诺贝尔奖到1976年，四分之三个世纪过去了，可是，颁奖大厅里，始终没有响起过占世界人口约四分之一的中国人民的主要语言——汉语。汉语记载了中华民族创造的灿烂的古代文化。中国的四大发明——火药、指南针、造纸术和印刷术，传播到西方以后，有力地推动了世界科学文化的发展。无论是在科学（天文、数学、地理、医药学等）方面，还是在技术（冶金、纺织、陶瓷、车船、造纸等）方面，中国取得的重要成就都有文字记载。丁肇中决心打破惯例，让华夏之声响彻授奖大厅，以此来表示他对祖国深挚的爱，表示自己作为中华民族后代的自豪感。

瑞典皇家科学院收到丁肇中的信以后，感到为难。美国政府得知此事，也竭力阻挠。可是，丁肇中一旦下定决心要做一件事，他就会勇往直前，百折不挠地干下去。他终于获得了胜利。

后来，丁肇中在回答记者提问“当年您在诺贝尔颁奖典礼上为何要用中文演讲”时，自豪地说：“当时我想，我是一个中国人，应该用中文发表自己的演讲，我就向瑞典皇家科学院写信，要求打破惯例。那时中美关系很不好，美国驻瑞典大使几次找到我，让我放弃，我告诉他：‘这不是你的事情，你管不着！’”

1976年12月10日下午，斯德哥尔摩音乐厅内，主席台前，大厅两侧，摆满了鲜花，像绚丽的彩霞落到了人间。能容纳2000名观众的大厅内，坐满了外国来宾、瑞典社会名流和首都各界人士，丁观海先生和其他前来观礼的受奖人家属，也在来宾席上就座。4时30分，丁肇中和其他获奖人，在诺贝尔科学奖金基金会成员的陪同下步入大厅，在受奖席上就座。

典礼开始。军乐队奏起了瑞典王室音乐。基金会主席用瑞典语简要地介绍了丁肇中的贡献后，丁肇中便被引上讲台。他的面前是瑞典国王、政府和议会的成员、各国外交使团的团长、社会名流和学者。

人类最美好的感情，一刹那间，全都涌上了丁肇中的心头。

丁肇中精神抖擞地站在讲台中央，用流利的中文发表了一篇激动人心的讲演：

国王、王后陛下，皇族们，各位朋友：

得到诺贝尔奖，是一个科学家最大的荣誉。我是在旧中国长大的，因此，想借这个机会向发展中国家的青年们强调实验工作的重要性。

1976年丁肇中荣膺诺贝尔物理学奖授奖一幕

中国有句古话“劳心者治人，劳力者治于人”，这种落后的思想，对发展中国家的青年们有很大的害处。由于这种思想，很多发展中国家的学生都倾向于理论的研究，而避免实验工作。

事实上，自然科学理论不能离开实验的基础，特别是物理学更是从实验中产生的。

我希望由于我这次得奖，能够唤起发展中国家的学生们的兴趣，而注意实验工作的重要性。

丁肇中这篇短短200多字的讲演，铿锵有力，使人耳目一新。

这篇讲演言简意深，包含了他二三十年来对人生、对科学的真知灼见；这篇讲演话短情长，包含了他对祖国火热的爱，对中华民族的无限深情。丁肇中的精彩讲演受到全场听众的热烈欢迎，人们向他报以长时间的热烈鼓掌。

瑞典皇家科学院的代表古斯塔·埃克里朋教授在贺词中，高度赞扬了丁肇中和里克特两位教授在几乎同时发现一种新的重粒子方面的开拓性工作：

我把你们比作在未知土地上的探险家，你们在未知土地上发现了惊人的建筑物，正如其他的伟大探索者那样，你们有自己的、由能干人才组成的小组，我请你们二位向你们各自的组员转达我对这项重大成果的衷心祝贺。你们在正负电子领域多年不懈的努力和想象力是极其重要的，这是J/ψ粒子的戏剧性发现的前提。从而大大影响和丰富了你们的研究领域，1974年以后的基本粒子物理学已不同于往日的这门科学了。我很荣幸地代表科学院向你们致以最热烈的祝贺，并请你们接受国王陛下亲手颁发的奖金。

丁肇中在热烈的掌声和欢呼声中，从瑞典国王手中接受了诺贝尔荣誉奖状、诺贝尔金质奖章和奖金。记者们跑前跑后地忙着给他拍照。大厅外面，有一群头戴白帽、手持彩旗的大学生组成的欢迎队伍，等待着获奖的科学大师们出来，以便一睹他们的风采。

入夜，斯德哥尔摩都会大厅灯火辉煌，充满了欢声笑语，丁肇中在人

在颁奖典礼上丁肇中与瑞典国王握手

们频频敬酒和祝贺声中，并没有沾沾自喜。在这个绚丽多彩、象征着人类智慧的夜晚，他固然为10年辛劳受到肯定而感到欣慰，但更觉得任重而道远，奋斗未有穷期，一个又一个的科学堡垒等待自己去攻克。他要率领实验队伍，到汉堡去，在电子同步加速器中心的佩特拉（PETRA）正负电子对撞机上做实验，寻找把夸克结合在一起的物质——胶子存在的证据。以后，还要到日内瓦更大的莱普（LEP）正负电子对撞机上做实验，寻找第六个夸克——顶夸克（t）、中间玻色子等新粒子。更远的目标是寻找自然界的四种力（万有引力、电磁力、弱力和强力）之间存在联系的实验证据。正是“路漫漫其修远兮，吾将上下而求索”。

八　超越诺贝尔奖

与中国物理学家首次合作

丁肇中身在大洋彼岸，心里却始终没有忘记自己的故乡和亲友。

1975年11月，发现J粒子的第二年，丁肇中偕夫人回到了阔别多年的祖国，受到了人们热情的接待。这是丁肇中第一次回到新中国。他住在坐落于首都中心的北京饭店，在那里，会见了许多亲友。亲友们向他介绍了新中国20多年来的巨大变化，使他感到无比的喜悦和鼓舞。

丁肇中还兴致勃勃地参观访问了许多地方，亲眼看到祖国的科学文化事业有了很大的进步和发展。如今的中国，真是换了人间。他眼前的中国，不再是20世纪30年代的旧中国了。这里没有饥饿、瘟疫，他童年时代的那种悲惨苦难生活早已绝迹。在一望无垠、宽广辽阔的祖国大地上，到处是一片欣欣向荣的景象。耳闻目睹了这里发生的巨大变化，丁肇中不禁百感交集，思绪万千。他仿佛亲眼看到中国制造的火箭、导弹腾空升起，飞

丁肇中偕夫人第一次回国

向远方的目标。所有这些，像一股股波涛汇聚在丁肇中的脑海里，激起阵阵浪花，他思索着：中国，在她漫长的历史中，对世界科学和技术的发展曾经做出过许多重要的贡献。我是在中国长大的，应该为中国做出自己的贡献！他带着美好的印象和观感回到了美国。

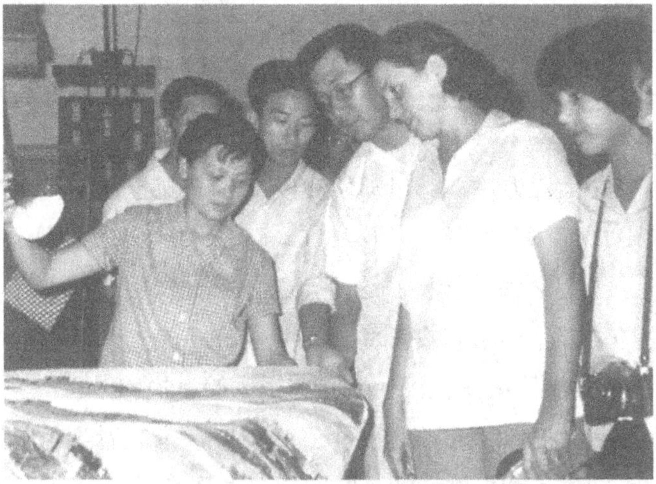

丁肇中和夫人、女儿在杭州织锦厂参观

丁肇中在北京与姑母、伯母欢聚

丁肇中第二次回到中国，是“十年动乱”后的1977年7月，应中国科学院高能物理研究所的邀请来华访问。

丁肇中接到邀请后，毫不犹豫地放下手中的工作，偕同夫人和女儿立即启程来华。他怀着一颗要为父母之邦贡献力量之心，恨不得插上翅膀能立刻飞到祖国的心脏——北京。

丁肇中抵达北京后，在与时任中国科学院高能物理研究所所长张文裕教授会见和交谈之际，张所长告诉他，中国准备大力发展高能物理，正在北京郊区筹建一个大型的高能加速器，急需培养一批实验人才。丁肇中当即表示，十分欢迎中国派遣年轻物理学家参加他在联邦德国汉堡电子同步加速器中心将要进行的高能物理实验。

高能物理实验是在规模很大的高能物理研究中心进行的。在这里，有高能加速器、高能实验区、计算中心、探测器实验室、附属工厂等许多部分。高能加速器是产生高能粒子、用来做高能物理实验的工具；高能实验区由许多实验厅组成，里面安放着各种探测器和大型的实验设备；计算中心设置有大型的电子计算机，是集中处理实验数据的地方；探测器实验室是研制、安装、调整各种高能探测器的实验室，当探测器研制调试好以后，就运到高能实验区去做高能物理实验；附属工厂里有各种车间，是为物理实验的加速器及探测器进行加工、制造、装配等工作的。高能物理实验工作者正是在这种庞大的实验大厅里，利用强大的高能粒子束去变革微观粒子，从而发现新粒子，认识粒子的结构和性质。

万物均由一些“基本”粒子组成，高能物理研究的是微观粒子的内部结构和运动规律。在做高能物理实验时，要用高能加速器产生各种高能量的粒子，去轰击另一些粒子，再用高能探测器把它们测量记录下来，然后把这些实验数据加以整理分析，给出实验结果。

高能探测器是测量和记录高能粒子的工具。因为微观粒子不能由人的感官直接感觉到，所以高能探测器是人的感觉器官的延长，用以观察高能粒子和高能物理现象，分辨粒子的种类和特性，用以记录高能粒子的数目，测量粒子的飞出角度、路径、能量、动量、速度等。

人们利用高能加速器和高能探测器研究“基本”粒子的历史虽然还很短，但随着高能物理实验的发展，高能探测器也经历了巨大的变化，出现了一些新的探测器和实验技术。如果没有探测器的不断更新和发展，许多新粒子和新现象的发现是根本不可能的。

经过张文裕与丁肇中的一番交谈，双方合作进行大型高能物理实验的大门已经敞开。

张文裕教授是丁肇中熟知的著名物理学家，曾在核物理和高能物理领域内有过很多重要发现（如发现μ子、原子等）。早在20世纪40年代，他就进行了火花计数器的制造及其应用的研究工作。火花计数器是一种粒子探测器，即记录粒子（核射线或高能粒子）的仪器。他是火花计数器的创始人之一，也是研究多丝型粒子探测器的先驱者之一。1945年，张文裕教授和罗森布卢姆（Rosenblum）在美国《物理评论》上发表论文，第一次详细报道了丝板火花计数器的研究成果，还同时报道了在磁谱仪中用丝板火花计数器系统来测量α射线能谱的实验结果。

在这篇论文中，张文裕教授明确地提出了多丝火花计数器系统的概念，并且他还在实验中实现了这种系统——将许多个丝板火花计数器组合成一个多丝系统，使这些计数器在磁谱仪中同时工作，获取数据。由于每个计数器都是独立工作的，而多丝板火花计数器同时应用许多计数器一起工作，从而可以大大节省实验时间。这种多丝计数器系统是当代大型多丝探测器系统的雏形。

丁肇中与杨振宁（左），同时任中国科学院高能物理研究所所长张文裕（右）在交谈

这项研究工作是张文裕教授 1943 年在美国普林斯顿大学工作时开始的。他在谈到当年情况时再三谦虚地说，这种火花计数器的思想是罗森布卢姆首先提出的。当时，罗森布卢姆提出了计数器的设想和初步设计，但因年事已高没有做多少具体工作，不久就返回法国。具体的研制工作，包括计数器的设计、制造、试验、调整以及在强磁场的高真空中所进行的 α 粒子能谱的测量工作，都是张文裕教授做的。后来，日本和英国的学者称这种火花计数器为“张氏计数器”（Chang counter）。张教授说，他完全不同意这种叫法，虽然他研制和使用了这种计数器，但只提他而不提到罗森布卢姆是不全面的。在场的青年科学家听了这些话后，深为他的这种高尚品德所感动。

从张文裕教授发表火花计数器的研究成果至今，半个多世纪已经过去了，粒子探测器的研究和应用取得了很大的进展，相继出现了多丝正比室、丝火花室、漂移室、时间投影室等多种多丝型的粒子探测器，现在各种类型的丝室不但是高能物理实验的重要仪器，而且还广泛应用于核物理、凝聚态研究、生物学和医学等许多领域的实验工作中。目前，在高能物理实验中所用的丝室，其数量往往以数十计、大小以数米计、丝的总数以数千根计，它们和其他种探测器以及磁体组成了复杂而庞大的谱仪，用来探测反应顶点、测定粒子径迹、测量粒子动量、进行粒子鉴别等，对高能物理的发展起着重要的作用。

在会见的人当中，给他印象最深的是著名物理学家、时任中国科学院副院长的吴有训教授。他是丁肇中非常敬佩的一位老前辈，早在 20 世纪 20 年代，吴有训曾与美国著名物理学家康普顿（A.H.Compton）教授合作，证实了现代物理学中有名的康普顿-吴有训效应。1937 年抗日战争爆发，他毅然离开在北平刚刚分娩的爱人和出生仅一个月的爱女，奔赴昆明，在十分艰难的条件下，建立西南联合大学，坚持办教育、搞科研，培养青年一代。吴教授在国内外学术界享有很高的声誉，是我国现代物理学杰出的奠基人之一。

会见之后，丁肇中激动地说：“吴有训教授是一位真正做学问的人，曾在国外和康普顿教授一起做过卓绝的工作。长期以来，在国外做实验物理的中国人是很少很少的。”

随后，8 月 17 日，邓小平亲切会见并宴请了丁肇中一家人。

席间，邓小平对物理学表现得很有兴趣。因为他家里有 5 个人是学物理的。考虑到邓小平是四川人，而丁肇中幼年时曾在重庆住过相当一段时间，所以，他们一见面，就用四川话进行交谈，十分亲切。邓小平还正式向丁肇中提出：

“你能不能帮助中国培训物理学家？”

丁肇中马上回答说：

“我个人非常欢迎中国科学家参加实验，但根据国际惯例，参加这类国际合作的科学家所属的国家，要向实验室交付一定的费用。因为这个实验是在联邦德国汉堡电子同步加速器研究中心的加速器上做的，所以我要征询一下联邦德国政府的意见。我今晚就打电话回去问，明天可以答复。”

第二天，联邦德国汉堡电子同步加速器研究中心主任苏佩尔（H.Schopper）教授打来电话说：

“联邦德国政府很欢迎中国科学家参加合作，不收任何费用。”

邓小平听后非常高兴，就对丁肇中说：

“我选 100 人参加你的实验组，如何？”

丁肇中赶忙说：

“科研和练兵不一样，最好是人少一些，但素质一定要好。”

邓说：

“那就派 20 人。”

丁肇中又说：

“我们实验组总共才 20 多人。”

最后达成了每年派 10 个人参加丁肇中实验组工作的协议。

接着，吴有训亲自陪同丁肇中与时任中国科学院院长方毅进行具体会谈，讨论有关中国科学技术发展的问题，达成了中国和西方在科学技术方面的首次大规模合作：由中国科学院选派最有前途的青年物理学家参加丁肇中领导的高能物理研究工作。会谈结束时，丁肇中十分激动地说："我们这次来中国参观，看到大家很有干劲，都想把科学技术搞上去。我相信，中国这么大，人口这么多，搞科研的历史这么久，一定会出人才，会很快赶上世界科学先进水平的。"

在邓小平与丁肇中会见前十几天，即 8 月 4 日，邓小平在科学和教育工作座谈会上，倾听了科学家们谈论当时国内高等教育令人焦虑的现状。有人在讲到清华大学的教育质量时说，现在很多人是小学程度补习了八个月就学大学课程，读三年就毕业。邓小平听到这里愤懑地说："那就应当称'清华中学''清华小学！'"

正是邓小平不顾重重阻力，率先清理教育战线上"左"的错误，为恢复我国高考制度一锤定音。被"积压"了十几年的千百万中学生，甚至是已届而立之年的"老三届"们，终于得到了一个最后的机遇，一个令人激动、幸福而又焦急得落泪的历史机遇。

当年，经统一考试择优录取的一大批学子，如今已成为国家的栋梁之才，驰骋在祖国现代化建设的各条战线上，为祖国的繁荣富强贡献力量。

历史的"轮回"，终于带来了"尊重知识，尊重人才"的中国历史大转折。

邓小平与丁肇中的这次会谈，给中国科技、教育事业带来了新的希望和生机。

1978 年 1 月，中国科学院派出的年轻物理学家远涉重洋，前往联邦德国汉堡电子同步加速器研究中心，来到了丁肇中教授的身边，参加由他领导的实验小组工作。这个由唐孝威教授率领的共 10 人组成的中国小组，作为新中国第一次派出的一组科学工作者，开始和欧美科学界进行国际科研合作。

先后到达汉堡的中国物理学家共有 27 人，平均年龄不到 40 岁。只有带队的唐孝威教授曾在莫斯科杜布纳联合核子研究所工作过，并具有"两弹一星"研制工作的经验。

来自中国的这批科学工作者，首先遇到的问题就是对实验室的紧张工

丁肇中（右）和唐孝威（左）在实验室合影

作不适应。每天工作十几个钟头，没有午休，没有星期天，任务量都大得惊人：丁肇中小组的实验准备工作，比起其他几个实验小组，要晚一年多时间。换句话说，他们得在不到10个月的时间内，完成别人两年的工作量。

他们都是刚从低能物理转过来的“新兵”，从来没见过这么先进的实验设备，一切都得从头学起。向别人学吧，语言又不通，真是困难重重。小组内的通用语言是英语，唐孝威的俄语很流利，但英语不太熟练。为了攻克这一障碍，他带领中国同事，主动找外国同事交谈，同时将对方的谈话录音，拿回宿舍再一遍遍地听、练……不到半年，就都过了语言关。唐孝威要求大家牢记祖国的嘱托，把探索基本粒子奥秘的硬仗当作磨炼自己的机会，多向经验丰富的外国同事学习，在真刀真枪的实干中培养自己独立工作的能力。

他们面对着重重困难，毫不气馁，更不退缩，硬是咬紧牙关，迎着困难上。

丁肇中了解到中国组员的困难，想了许多办法。开始，他把中外科学工作者编在一起工作，为中国研究人员学习外国研究人员的长处创造了条件。经过一段时间以后，又把中国研究人员抽出来单独分配任务，从实干中培养他们独立工作的能力。

丁教授还经常用自己发现J粒子的经验教育大家。他常说："我做了10年矢量介子实验，才从上百亿个各种各样的粒子中找到了一个J粒子。这就像在北京地区下一场倾盆大雨，从无数雨点中辨认出一个带颜色的雨点那样困难。做实验，不能允许有丝毫的松懈和马虎。"

使用每秒钟运转几百万次的大型计算机，对中国研究人员来说还是头一次。为它设计一个程序，涉及几千个符号。如果有一个符号出点差错，整个程序就不能通过。他们一心想尽快地掌握设计方法，连走路、吃饭都在思考琢磨。夜深了，紧张工作了一天的外国研究人员早已进入梦乡，然而在计算机旁的中国研究人员，还在一遍一遍地演算、练习……短短几个月内，单是他们用过的图纸就有几万张之多。在丁肇中教授的严格要求和耐心培养下，他们就这样不知疲倦地度过了许许多多个不眠之夜。刻苦的磨炼，使年轻的中国科学家们从事高能物理研究的实验本领迅速提高。

工作伊始，唐孝威教授首先发现已经设计好的马克-杰（Mark-J）大型探测器中的一个核心部分——电磁量能器的设计有缺陷，建议重新修改设计。当丁肇中把唐孝威的建议在组里宣布后，引起很大争议。因为这可能会影响整体实验进度，何况丁肇中小组比其他三个小组起步就晚了一年的时间。但丁肇中考虑到唐孝威提出的改进意见实在太重要了，因为在这场紧张的智力竞赛中，谁掌握了更高明的先进仪器，谁就能够取胜。几经讨论，最后组里一致同意按照唐孝威提出的新设计方案进行研制，新设计研制的电磁量能器，对马克-杰探测器高水平的物理实验，果然发挥了重要的作用。

经过实验小组各国研究人员的共同努力，凭着他们的顽强毅力和为科学献身的精神，不到半年时间，他们就追赶了上来，终于在1978年10月24日的凌晨6时，完成马克-杰这台大型探测装置的安装调试任务，比预定时间提前两个小时，成为佩特拉（Petra）正负电子对撞机上四个实验区中第一批进入实验的两个小组之一。

三喷注现象

200 多年前，物理学家的伟大鼻祖牛顿说过：“我不知道后人怎样看我，但在我看来，我只是像一个在沙滩上玩耍的男孩，一会儿找到一颗特别光滑的卵石，一会儿发现一只异常美丽的贝壳，就这样玩乐消遣；而与此同时，真理的汪洋大海在我眼前却未被认识，未被发现。”在丁肇中获得诺贝尔奖和接受大众的欢呼之际，他更体验到了牛顿这段名言的含义：“J 粒子也不过是真理大海滩边的一颗光滑卵石罢了。”

J 粒子把丁肇中送上了一个荣誉的高峰，但这绝不意味着他已经到了科学事业的顶峰。世界上还有许多奥秘有待于人们去揭示，还有无数真理有待于人们去认识。

追求科学真理的强烈愿望，把丁肇中这样一个几乎没有受过正规小学教育的孩子，逐步引上了寻找和探索新粒子的道路。现在，他又把目光投向更深更远的地方：光与电子的作用理论在更小的地方仍旧适用吗？在小小的基本粒子里面究竟包含了什么？支配大自然的最基本的力是什么？……这些问题，都是近几年来粒子物理学界在思考、探索的大难题。

1969 年，高能物理实验中发现了一个新现象，使全世界物理学家对夸克又有了新的认识。

事情发生在斯坦福实验室的一台直线加速器上。这是一种外形更像大炮的加速器。一群电子沿着长达三千米的“炮管”拼命奔跑，最后达到 250 亿电子伏特的高能。物理学家用这批“炮弹”去轰击质子、中子（统称为核子），希望能看到这个微小的世界中，究竟有些什么名堂。实验结果表明，这群电子在核子里似乎撞上了一些小小的荷电体。这些小小的荷电体竟然就是盖尔曼五年前预言过的夸克。更令人惊奇的是，这些夸克并不像有人猜想的那样紧密地耦合在一起，相反，它们在核子里面相当自由，你只要给它一点“冲力”，就可以很方便地推动它们。以后，有好几位技术高超的实验物理学家都设计了许多精巧的实验，去寻找那些带有分数电荷的自由夸克。但任何将夸克从强子中硬拉出来的企图都失败了，因为夸克一离开强子，马上就会莫名其妙地变成别的强子。

夸克在强子里面相当活泼，但要它们跑出强子，却是一件似乎办不到的事。有些理论物理学家说，看来是大自然给夸克判了“无期徒刑”，把它们禁闭在强子里，永远也逃不出来了。

到了1973年，轰击核子的实验仍在继续进行。但这一回，物理学家改用中微子代替电子作为“炮弹”。

中微子是一种奇特的点状粒子。它们既没有电荷，也没有磁矩；既没有强相互作用，也没有电磁相互作用，只参与弱相互作用。但它们的数量众多，在粒子世界和宇宙发展中扮演着重要的角色。

在实验结果中，研究者发现了一个没有预料到的现象，即核子的一半动量竟然在反应中“失窃”了。有经验的理论物理学家们指出：“小偷”是隐藏在强子里面的一种新物质。它很可能就是使夸克胶合在一起，造成夸克禁闭的东西，科学家称这种物质为“胶子”。

从此，胶子的字眼经常出现在文献中。科学家们对胶子的性质作了种种猜测，还建立了一套描写胶子和夸克作用的理论，叫量子色动力学。但是胶子是否真的存在？它的脾气是否真的如此古怪？几年来，一直没有得到进一步的证实。

不过大家并没有灰心，因为无论胶子多么狡猾，它们既然“偷走”了那么多的动量，一定会在其他地方留下蛛丝马迹。

1978年，在日本东京召开的国际高能物理会议上，有几位物理学家报告说，他们分析了中微子、电子与核子相互作用的实验数据，并经过周密的计算，证实了理论上预言过的胶子对夸克的作用。这件事，对于正在探索基本粒子结构的科学家来讲，真是莫大的鼓舞。

怎样才能进一步证实胶子的存在呢？几年前，在高能电子-正电子碰撞中，曾发现新产生的粒子集中成两股细细的喷流射出来，这些称为双喷注的粒子是由两个夸克变出来的。如果强子中除了夸克之外，确实还有胶子的话，应该还可以看到由胶子形成的第三股喷注。然而，对于实验物理学家来说，这也是一个非常困难的问题，因为三喷注现象很稀少，而且要分辨它们也不太容易。

丁肇中决心揭开胶子之谜。

美国和联邦德国都在建造一种新型的电子-正电子对撞机。丁肇中了解到联邦德国的那台要比美国的造得快，估计 1978 年就可以交付使用，所以他自然把眼光投向了联邦德国汉堡电子同步加速器研究中心。

同过去寻找 J 粒子不同，这次有几十位从中国科学院来的优秀青年科学家加入了丁肇中的队伍，他们将要在丁肇中的带领下接受“战斗”的洗礼。

联邦德国汉堡电子同步加速器研究中心建造的佩特拉正负电子对撞机，是当时世界上正在运行的能量最高的正负电子对撞束储存环。DESY 由此获得极大声誉，成为各国实验物理学家向往的地方。

加速器的周长为 2.3 千米，拥有 8 个很长的直线加速段，其中两个装有高频加速腔，功率为 4.5 兆瓦，设计能量最高达到 190 亿电子伏特的正电子和 190 亿电子伏特的电子在装置内进行对撞。

在佩特拉对撞机中，高能的正、负电子在预先设计好的四个交叉点上对撞，发生相互作用。就在这些交叉点上，物理学家设计了一系列的探测器——漂移室、多丝室、簇射计数器、闪烁计数器、契伦柯夫计数器等，根据一定的实验目的，把它们巧妙地组合起来进行实验研究。

在高能物理领域，对实验数据的处理，不仅数量庞大，而且非常复杂。汉堡电子同步加速器研究中心设有一个庞大的计算中心，在那儿，三台当代最先进的 IBM 大型计算机（两台 IBM370/168，一台 IBM3033）组成了计算网络，通过 50 个终端与用户联系，效率高，服务优良。

在佩特拉对撞机上，共有四个实验小组，分别在四个大型探测器——杰德（Jade）探测器、马克-杰（Mark-J）探测器、普路托（Pluto）探测器［后来赛璐（Cello）探测器代替了它］和塔索（Tasso）探测器上，在同样能量下同时进行实验。丁肇中教授领导的马克-杰小组就是其中一个。这个小组是联邦德国亚琛大学第三物理研究所、联邦德国汉堡电子同步加速器研究中心、美国麻省理工学院、荷兰核子和高能物理研究所、中国科学院高能物理研究所（以上是按每个单位的英文名称的第一个字母顺序排列的）五个单位的合作研究组。

佩特拉对撞机储存环的一段

马克-杰是一台大型探测装置的代号。这台装置由数百个不同类型的探测器、几千台电子学仪器、一个大型磁铁和数台电子计算机组成。探测器可以辨别、记录和分析高能正、负电子对撞后产生的各种粒子，测定各种粒子的踪迹和能量。正、负电子对撞实验时，将各种实验数据经过小型计算机记录在磁带上，然后拿到计算中心的大型计算机中进行计算和物理分析，最后得到实验结果。

安装中的马克-杰探测器

佩特拉对撞机自1978年秋天开始运转以来，约60%的时间用于物理实验，余下的时间用于加速器的调试和设备的安装。

由于电子（属于轻子）的结构最简单，正负电子对撞为研究物质的基本组成及其相互作用的本质提供了一个特别“干净”的方法。因此，在佩特拉上进行的实验，不像强子对撞实验或轻子-强子对撞实验那样，由于强子本身复杂的内部结构而带来了复杂性。

来自二十几个国家和地区的杰出人才，聚集在一块几平方千米的土地上，围绕着一台庞然大物，分成四个小组，各显才能，看谁第一个揭开夸克——胶子的秘密，这种超级智力竞赛，在现代科学史中是罕见的。

上面所说的这场竞争，发生在联邦德国汉堡西郊美丽的阿托欧区——联邦德国汉堡电子同步加速器研究中心的所在地，时间是1978～1979年。这台庞大的加速器，先让电子和它的死对头正电子分别加速，让它们达到10亿电子伏特左右的巨大能量，再从两个方向把它们引入一个超级竞技场——一种叫储存环的装置里，再次给它们添加能量，然后让它们在四个地方发生对撞，电子与正电子相碰撞的一刹那，发生湮灭反应，电子和正电子消失，释放出巨大的能量，同时产生出许多新的不稳定的粒子，这种自杀性的碰撞非常壮观。经过精心的设计，安排在旁边的各种各样的探测器，把这种空前的猛烈撞击现象仔细地记录下来，信息源源不断地传向记录器、计数器，变成只有操纵它们的主人才能看得懂的密码。于是，一场紧张的智力竞赛开始了，计算、分析、给机器下指令……谁第一个交卷，谁就是冠军。

1979年，丁肇中率领来自美、德、中、荷、日、英、法等国的55位科学家，在加速器的西南大厅摆开了阵势，这支队伍中一半是来自中国的实验物理学家。

这次实验，是丁肇中在美国布鲁克海文国立实验室经历过那场激战以来，又一次大显身手的机会。现在，丁肇中已因发现了J粒子而变成了引人注目的焦点人物。

1978年5月，联邦德国总统莅临汉堡电子同步加速器研究中心参观

一开头，丁肇中小组就宣布了他们的三个主要目标：一是测量电子的大小；二是寻找新的粒子，尤其是新的夸克；三是寻找胶子存在的证据。在实验室的条件下，验证光与物质相互作用的基本理论，观察新粒子的内部构造，测量它们之间的相互作用力。竞赛一开始，全世界的粒子物理学家就把目光聚焦在汉堡西郊的这块宝地，看哪一个小组能第一个公布可靠的实验结果。科学界一贯认为，第一个发现者才算得上是发现，第二个发现者只能算是证实了人家的发现，换言之，这种实验，几乎无密可保。对丁肇中和第一次参战的中国科学家来讲，这当然是一场硬仗。

科学是不分国界、不分种族的。胶子这个微观世界的“神秘者”，吸引了世界上许多优秀的实验物理学家，谁都想抢先捕捉到它。

当丁肇中小组正式着手准备这场实验时，离佩特拉开动的时间只剩下10个月了。

实验室的空气紧张极了，好像暴风雨就要来临的样子。丁肇中喜欢这种气氛，它令人感到兴奋、激动，同时他也希望刚刚参加自己小组的中国物理学家，能经受住这一次磨炼。安排工作、布置任务，不再用一个月、一周来计算，而是精确规定在某日某时内完成某项任务，真正到了分秒必争的程度。

高能物理实验工作是很辛苦的。一周工作七天，一天工作十五六个小时是常事，实验最紧张的时候，甚至接连两三昼夜不出实验室。是什么力量支持着他和他的同事们呢？是强烈的事业心、责任感和浓厚的兴趣。

丁肇中一开始就把注意力放在探测器和测量的方法上，因为它们是实验成败的关键所在。

马克-杰是用于这次实验的大型综合装置，足足有400多吨重，为了时刻掌握仪器的工作情况，他们还用了六台闭路彩色电视，从上、下、左、右、前、后等不同的角度监视马克-杰，一有不正常的情况，控制室便可以采取紧急措施。

在丁肇中小组精心设计的这套装置里，粒子流通过时所发生的现象只经历十亿分之四秒，在这样短的时间内发生的每一件事都必须加以筛选、记录和解释。尽管这套装置很重，可是运转非常灵活，准确度可以达到百分之百，这确实是技术发展的一个奇迹。

丁肇中小组公布的第一批实验结果是有关光与物质相互作用理论的，在写给《物理评论通讯》的报告中，丁肇中小组宣布：一直到 2×10^{-16} 厘米这样小的空间范围内，量子电动力学对于光与物质相互作用的描写还是正确的。

新闻界并没有对他们取得的这项成果大肆宣扬，因为在一般人看来，推翻一条定律比肯定一条定律更富有戏剧性。可是，科学不是闹剧，科学是真理的汇集。在历史上有过不少伟大的实验物理学家，他们花了多年心血，致力于测量某一个数据，或验证某一条定律，为物理大厦添上一块必不可少的砖瓦。

大家还记得，初出茅庐的丁肇中和他的几位同事，曾在 10^{-14} 厘米的区域内验证了量子电动力学，事隔十多年，他又与中国同事们把这个范围进一步缩小到百分之一。无论如何，这都是一个了不起的成果。

丁肇中小组的第二批实验结果更是干脆：在2×160亿电子伏特能量区之前，没有发现任何新的基本粒子和夸克。

当加速器输出的正负电子的能量达到 170 亿电子伏特时，值班的实验小组看到了由两个夸克形成的两束喷注，这种强子的喷射现象在以前的其他实验中也曾看到过。

加速器送出来的粒子能量继续加大以后，大家的心情变得不平静了。从理论上讲，应该可以在某一能量区看到第三束喷注的出现，但是谁也无法预言究竟在什么地方会出现三喷注，而且有时理论也可能是错误的。

爱因斯坦这位天才的理论物理学家曾经说过："我们所能观察到的东西是由理论决定的。"几年之后，当一队观察小组在一次日食中，看到光线的偏折正好等于几年前爱因斯坦在广义相对论所预言过的数值时，有位记者问这位现代物理学大师："如果实际看到的光线偏折同您的理论预言不一样，您将有何感想？"爱因斯坦毫不犹豫地回答说："那我要为上帝感到遗憾了。"

爱因斯坦在 1905 年和 1915 年先后发表了《狭义相对论》和《广义相对论》，以光速不变原理解释了自然界中的光电效应，从根本上改变了人们对时间和空间的绝对观念，推动了现代物理学的发展。但是，相对论这一具有重大影响的科学理论，在当时对一般人来说还是一门过于高深的学问，几乎无人理解。

早在 20 世纪 20 年代初，英国著名天文物理学家、皇家学会会长爱丁顿（1882—1944）曾说过："世界上只有两个人理解相对论。"事实是否如此，人们无从得知。不过，有一次爱因斯坦在写给著名喜剧演员卓别林的信中说："你的影片《淘金记》全世界的人都能看懂，你不愧是一个伟大的艺术家。"这位幽默的电影艺术大师在回信中也风趣地说："你写的'相对论'，全世界的人都看不懂，你不愧是一个伟大的科学家"。可见，"相对论"在那时确实不为世人所了解。

但是，随着科学的飞速发展，到 20 世纪 90 年代，情况有了很大的变化。当代著名的理论物理学家、英国剑桥大学教授史蒂芬·霍金，在 1987 年所著的《时间简史》中说："今天成千上万的大学研究生能够理解相对论，并且有几百万人至少熟悉这种思想。"这位瘫坐在轮椅上的科学巨人被誉为爱因斯坦之后最杰出的相对论学家。

从“全世界只有两个人理解”到“几百万人熟悉”的“相对论”，经过 70 多年的历程，逐渐被人们所认识。时至今日，爱因斯坦的相对论体系已成为天文学、物理学以及量子力学等许多科学领域的基础理论，对现代科学的发展有着深远的影响，被誉为“人类思想史上最伟大的成就”。

作为实验物理学家的丁肇中，却喜欢从另一种立场来看待理论。他说：“和理论家们谈谈是很有益处的。只要你不迷信他们，那就没有关系。”

丁肇中最相信事实。1979 年 6 月，信号终于出现了，当加速器输出的正、负电子的能量达到 274 亿～316 亿电子伏特时，实验显示出确实有第三股喷注的迹象。经过几个星期的日夜观察、分析，已经有比较多的证据证明，这第三股喷注可以解释为由胶子引起的，也就是说，强子中果真有胶子。

全组的成员欣喜若狂，来自北京的青年物理学家更是无比兴奋，因为这是他们第一次尝到收获的喜悦。

夜深了，丁肇中还在准备实验报告。他有个习惯，每当要发表重要的公开讲演前，他总要反复修改他的讲稿，找有关人员，特别是从事这方面工作的行家核对数据、结论和观点，澄清一切已发现的疑点，审查图表、投影片有无不妥之处，甚至对色彩、大小规格都要推敲一番。在讲稿、投影片准备好以后，他都要预讲几次，请人来听，提意见。听者可以直截了当地指出哪点讲得不对或不恰当，或要求把某一段再重讲一遍。此情此景，就像 20 世纪 50 年代大学时期严师在口试中对学生指出哪些不足之处似的，而丁肇中自己也像一个勤奋好学的学生那样，虚心接受意见，纠正不足之处，然后再从头开始重讲一遍，直到在座的听众都满意为止。

第三批实验报告公布了！

在美国伊利诺伊州巴塔维亚的费米国立实验室举行的一次讨论会上，丁肇中小组正式宣布：“我们看到了一种有趣的三喷注现象，它们可以解释为两个夸克和一个胶子形成的强子产物。”

丁肇中小组还标绘出了强子能流分布图，直观地给出了三喷注的图像。

图中的黑点是实验点；两组大喷注是正、反夸克引起的喷注；右上角的小喷注是胶子引起的喷注；虚线是包括胶子辐射的计算值，它和实验分布符合较好。

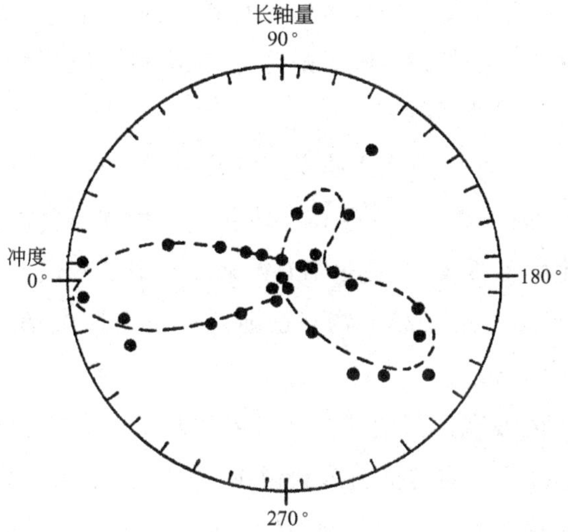

三喷注

由于描绘三只喷注的图线很像“奔驰”汽车车头上的梅塞德斯商标，所以大家干脆把它称为“梅塞德斯”事例。

这次重大发现，使人们首次观察到10年来一直在寻找的胶子的踪迹。从此，胶子不再是一种抽象的、仅仅是理论上假设的粒子了，因为在实验中已经找到了令人信服的可靠证据证明它的存在。

丁肇中讲得很清楚：“我们首先要求每个好的三喷注事例中能量守恒而且动量平衡，否则事例是没有意义的。其次，我们认为，仅仅从个别有三喷注图像的事例进行判断，还不足以确定它们是不是胶子喷注，因为个别事例中的第三个喷注可能是由重夸克衰变造成的。所以我们对大量的事例进行了分析，把实验得到的事例率和事例形状，与包括了胶子辐射在内的量子色动力学理论进行定量的比较，结果表明，实验数据和量子色动力学的计算值相符。因此，我们是在对 446 个三喷注事例进行详尽分析研究的基础上作出具有统计意义的结论的，我们的实验研究结果清晰地显示了胶子喷注的存在。”

联邦德国汉堡电子同步加速器研究中心主任苏佩尔教授发表文章，确认胶子是马克-杰组发现的。

接着，美国学者纽曼（Newman，他当时是博士后）对胶子发现的情况发表了一篇长文，详细叙述了胶子是马克-杰组首先发现的，也叙述了中国科学家对此做出的重要贡献。

在此之前，中国小组负责人唐孝威教授曾代表马克-杰实验组在美国物理学年会上作了马克-杰实验结果的学术报告，受到与会各国物理学家的一致好评。大会主席称赞说："这是 30 年来，新中国的代表第一次在美国年会上作报告。"华裔学者更是异常兴奋地说："我们为能在美国物理年会上听到祖国的声音而自豪。"

三喷注胶子的发现，很快就在全世界传开了。有的朋友还给丁肇中挂长途电话，询问他是否有可能再度获得诺贝尔奖。丁肇中笑笑说："我们最近的实验并没有绝对确证量子色动力学，但是如果我们没有看到这个证据，那么，这一理论就会有麻烦了。过去 10 年来，每一项实验都支持量子色动力学的理论，而现在我们可以说，我们相信它是正确的。"接着，他又说："这项研究包括了如此多的科学家，进行了如此长的时间，以至于个人实际上不可能被授予这种荣誉。"

中国各大报刊也都以头版头条的显要位置，全文刊登新华通讯社发布的重要消息：

> 引起全世界科学技术界极大兴趣的新粒子——胶子的发现，是由著名美籍物理学家丁肇中教授领导的高能物理实验小组，最近在联邦德国汉堡的一台高能加速器上找到实验证据的。中国科学院高能物理研究所唐孝威等 20 多位科学工作者也参加了这项实验的研究工作。
>
> 我国科学工作者收到了丁肇中小组发表的一篇论文，这篇论文公布了证明这种胶子存在的实验数据。刚从丁肇中教授领导的小组归来的中国科学院高能物理研究所科学工作者在一次学术报告会上说，丁肇中教授领导的小组自 1978 年 11 月在联邦德国汉

堡电子同步加速器中心，利用一台目前世界上能量最高的加速正负电子对撞机寻找新的粒子，并研究高能物理的新现象。他们经过半年多的努力，在对一种称为“喷注”现象进行分析的过程中，在质心能量从274亿～316亿电子伏特的范围内，找到了446个喷注事例，并对这些事例的能流分布进行了大量的分析计算后，首次找到了胶子存在的实验证据。这一重要发现，对于加深人类对物质微观结构的认识，具有重大意义。

物质是由分子组成的，分子是由原子组成的，原子是由电子和原子核组成的，原子核是由质子和中子组成的。质子、中子这一类粒子统称为强子，它们是由层子组成的。近10年来，科学家们曾经预言，层子之间的很强的相互作用力，是通过一种称为胶子的新粒子传递的。它们像胶水一样，以很强的力量，把层子和层子粘在一起。但是，胶子是否真的存在，一直是个悬而未决的问题。过去，已经有实验证实了五种层子的存在。但是，一直没有找到胶子存在的实验证据。丁肇中教授领导的小组所进行的实验，首次回答了这个问题，从实验上证实了胶子的存在，从而引起了全世界高能物理学界极大的兴趣，这也是对高能物理领域中目前流行的强作用理论的一个有力的支持。

丁肇中教授领导的小组，除有我国科学工作者参加外，还有美国麻省理工学院、联邦德国汉堡电子同步加速器研究中心、联邦德国亚琛大学物理研究所、荷兰核子和高能物理研究所的科学家参加。

在这台加速器上工作的其他实验小组也陆续找到了胶子存在的实验证据。

看来，10年前理论物理学家把胶子引入夸克这个层次的粒子是合乎逻辑的。他们是从电磁相互作用得到了启示：人们之所以能从收音机中听到声音，从电视屏幕上看到形象，是靠电磁波的传播。电磁波也可看成是光子的运动，换成物理学的语言就是，电磁相互作用是靠光子来传递的。那么，夸克和夸克之间是靠何种粒子来传递强相互作用的呢？因为这种粒子牢牢地把夸克和夸克“胶粘”在一起，使得这种作用力比电磁相互作用力要大几百倍。所以，理论物理学家把这种粒子称为胶子。

可是，这终究是个推测。胶子是否真的存在还一直是个谜。

虽然近几年也有几个实验，如中微子与质子散射实验，使人看到一些胶子存在的迹象，但只是间接的证明。只有三喷注的发现，给出了更直接、更可靠的证据，真正揭开了胶子的神秘面纱，使人们坚定了胶子存在的信念。这标志着人们对基本粒子的了解又向前迈进了一大步。

1979 年 9 月，丁肇中教授又一次应中国科学院的邀请来到中国进行学术交流和讲学活动。时任中国科学院副院长、著名核物理学家钱三强教授以东道主的身份热情地接待了丁肇中教授一行。

钱三强的名字，对丁肇中来说并不陌生。他当年背井离乡、远涉重洋，到欧洲留学，在世界上核物理研究最著名的居里实验室工作，并取得不少卓越成就。1948 年回国后参与组创中国科学院，筹建中国原子核科研基地，为中国的“两弹一星”运筹帷幄……

丁肇中在钱三强面前，对中国科学院选派的青年物理学家们的工作给予了很高的评价，他说：“我个人的印象是：中国物理学家是勤奋的，富有创造力的，他们在实验的各个方面都做出了重要贡献。要是没有中国物理学家们的努力，我们的工作不可能做得像现在这样好。”

他还说：“我们的合作研究，探索了物理学多方面的前沿来揭示物质的内在结构，特别是在极小距离下验证量子色动力学的正确性，研究带电轻子的普适性，以及发现由于非共线硬胶子辐射所产生的三喷注现象等，我们的继续合作，将使这个探索研究更令人振奋，更富有成果。”

1982 年 2 月 15 日，北京天气晴朗，阳光灿烂，中南海两侧的楼台亭阁闪耀着道道金光，映得满园熠熠生辉。草木虽然还没抽芽吐蕊，但这里的优美风景，使人仿佛置身于一个崭新的世界。

就在这一天，时任中共中央总书记胡耀邦在中南海的颐年堂里会见了丁肇中教授。

胡耀邦首先对丁肇中为发展中国的科学事业做出的贡献表示感谢。他表示：希望中外科学家团结协作，广泛开展国际性的科技交流，共同为造福人类做出贡献。

事隔十几年之后，丁肇中于 1995 年 10 月接受《中国科学报》记者专访时，又一次提到中国同事在发现胶子的科学实验中所做出的重要贡献。他还十分欣慰地告诉记者："我对中国科学家小组的许多很好印象是从唐孝威教授开始的。当年唐教授先后领导的一批又一批中国同事，大多数现已成为中国高能物理实验方面的骨干力量了。其中参加马克-杰组工作的第一批 10 位，现在全都是教授，他们中间有院士、所长、室主任。"

"只有三代中微子"

寻求把四种自然力统一起来的理论，是科学家们多年来梦寐以求的愿望。整个宇宙可以看作是一台时钟，自然力便是这台钟的发条。使物理学家们感到迷惑不解的是，为什么这台时钟有四根发条，而不是三根，甚至是一根？因为大家发现，支配我们这个宇宙的基本力有四种：强力、电磁力、弱力和引力。

这个问题不由使我们回想起历史上两位鼎鼎大名的物理学前辈——牛顿和麦克斯韦。如果没有这两位大师的努力，今天这台钟的发条还要更多呢！

17 世纪，牛顿把天体力和重力合并成一个力——万有引力；19 世纪，麦克斯韦完成了电力和磁力的统一。令人感到兴奋的是，这种"合并同类项"的做法，就好像点燃了氧气和氢气的混合物生成水一样，在人类认识自然的知识领域中引起了两场"大爆炸"，由此产生了一系列的现代科学技术。所以，从那时起，就有一些物理学家，很想把余下的几个自然力统一起来。

愿望毕竟是愿望，实际做起来并不那么简单。拿电磁力和弱力来讲，这两种力的性格迥然不同，要把它俩结合到一起，希望可能不大。

弱力是一种非常有趣的力，别看它的强度只有电磁力的十万分之一，但正是它驱动了很大一批原子核的衰变现象，而且它还是太阳能的“点火器”，控制了复杂的、产生太阳能过程中的一个关键环节。

弱力的存在是毫无疑问的。但是，20 世纪初，意大利罗马大学教授费米提出的弱力理论，难道就那么无懈可击吗？答案是否定的。首先，这种弱力理论太寡不合群。自然界的其他几个基本力，都是靠了一些“小信使”来传递的，例如，对于电磁力，这个“小信使”便是光子（光子是电磁场的量子）；把质子、中子凝集在原子核里的核力（强力的一种），由 π 介子等担任“信使”。唯独这个弱力，却被认为不需要任何传递者，岂不叫人怀疑？再说费米的弱力理论，还患有一种理论家称为“不可重整化”的不治之症，更是令人担忧。

直到 1967 年，以三位物理学家——格拉肖（S.L.Glashow）、温伯格（S.Weinberg）和萨拉姆（A.Salam）为主，提出了一个统一弱力和电磁力的理论。在这个理论中，电磁力的传递者是大家熟知的光子，弱力的传递者为一种从未露过面的新粒子——中间玻色子。1983 年上半年，在日内瓦欧洲核子研究中心的质子-反质子对撞机上，两个小组都获得了有关中间玻色子 Z^0的初步信息。但是，在格拉肖、温伯格、萨拉姆的理论中，还预言了另外一种叫希格斯（Higgs）粒子的新型粒子，它的性质是不是正如理论家所想象的那样？自然界是否还存在着弱-电统一理论所没有预料到的新东西？所有这些，都还是未解之谜。

20 多年前，当丁肇中初次提出在汉堡进行他的第一项实验时，周围的朋友们曾担心这个既无庞大实验组，又无雄厚资金来源的青年科学家，是否适合研究实验高能物理。现在，这些障碍都不存在了。世界上几乎所有的高能物理实验中心，都在向他招手，欢迎丁肇中小组去工作。

1982 年年初，丁肇中早年曾经工作过的欧洲核子研究中心决定在已运行的五台高能加速器之外再建造一台新的高能粒子加速器，它的英文全名是 Large Electron Positron Storage Ring，缩写为 LEP，音译为莱泼。

丁肇中教授决定到欧洲核子研究中心的电子-正电子对撞加速器“莱

泼”上开展他的新探索。

早在欧洲核子研究中心的巨型对撞机“莱泼”工程破土动工之际，全世界许多物理学家就在跃跃欲试，纷纷提出实验计划，希望通过实验获得重大发现。

当时国际上共有七个科学实验组参加竞争，由于丁肇中和他领导的实验组近20年来一次又一次获得出人意料的巨大成功，因此在由各国组成的委员会进行的无记名投票中，丁肇中提出的实验计划以压倒性优势获得了通过。

“莱泼”装置是由欧洲核子研究中心建造的世界上能量最大的正负电子对撞机，整个装置由一系列加速器组成。其能量要比过去号称世界最大的正负电子对撞机——佩特拉大一倍以上，能满足世界高能物理学家进行一系列新的科学实验的要求。

这个对撞机主环很大，建在法国和瑞士之间，周长27千米，离地面最浅50米，最深达170米。主环和对撞区的几个实验大厅都建在地下。正负电子在主环中以相反方向运动，正负电子束在主环的四个对撞点上实现对撞，围绕着四个对撞点安放四个大型探测器，测量正负电子对撞的产物。

莱泼对撞机有四个对撞点供四个不同的实验组在上面做实验。这四个组的名称是：OPAL 组、ALEPH 组、L3 组和 DELPHI 组。丁肇中领导的L3组的名字，是取自“第三个意向书（Letter of Intent）”的简称。它们分别建造各有特色的大型探测器，在四个对撞点上同时进行实验。

丁肇中把目光集中到了由他领导的L3的科学实验上面。他强调要采用最先进的技术装备。

在研制L3这个大型探测器时，需要大量采用锗酸铋晶体。锗酸铋晶体是探测 γ 射线理想的探测器元件。由锗酸铋晶体组成的电磁量能器，又是L3探测器中最重要的组成部分。当时中国科学院上海硅酸盐研究所已经研制成功一种高质量的大块锗酸铋晶体。丁肇中得知后正准备向中国订货时却发生了麻烦。

原来欧洲国家在科研合作中有个不成文的规定，就是哪个国家支持实验出的钱，必须用来购买那个国家的设备。而美国的法律则规定必须公开投标。当时中国提出的价格是最低的，按美国的规定应当买中国的，但法国不同意，说法国也可以以 5 美元/毫升的同样价格把他们的锗酸铋晶体卖给 L3 组。他们的这一要求给丁肇中造成很大困难。然而事有凑巧，法郎恰恰在这时贬值，跌到 10 法郎兑换 1 美元，这样法国支付的经费势必增加许多，不得已的情况下他们才同意 L3 组按原价购买中国的锗酸铋，但同时又提出要中国向法国公开锗酸铋的制造方法。丁肇中感到这样对待中国太不公平，于是指出，这样的要求是不可以的，应该用相同的标准对待各个国家，其他国家有关的研制厂商并没有把制造的方法公开出来，为什么在锗酸铋晶体研制上单独要求中国这样做呢？最后，不仅没有要中国公开锗酸铋的制造方法，而且将 L3 探测器需用的 12 000 根（重达 12 吨）锗酸铋晶体全部交给中国科学院上海硅酸盐研究所制造，使中国的锗酸铋晶体走向世界，令外国的锗酸铋厂商为之瞠目结舌。而且这样做的实际效果很好，现在各国都到中国来买锗酸铋晶体了。

L3 这个大型探测器的总重量为 8000 吨。用于 L3 实验的四个探测器，全部安装在深达 50 米的地下隧道里。还安装了高 15 米、长 13 米的巨型磁铁，重达 7000 吨，它能产生 5000 高斯的磁场。为了防止辐射，安装有 500 吨重的水泥门。有数十万根电缆把四个探测器与中央控制室的计算机终端连接在一起。

L3 探测器的一角

从对撞区朝外看，探测器由以下各层组成：

（1）围绕着对撞区的是一个顶点探测器（顶点室），称为时间扩展室。

（2）在顶点探测器外面，是由锗酸铋晶体组成的电磁量能器，用了大量的条状锗酸铋晶体（对准对撞区），并把对撞区包围起来。根据顶点探测器和电磁量能器给出信息的组合，可以区别光子与电子。

（3）在电磁量能器外面是强子量能器。在围绕着束流线的桶部强子量能器中，共有 144 个量能器模块。覆盖两端的，还有端盖部强子量能器。这些量能器是由铀板和正比室的夹层组成的，用它们可以测量入射强子的能量和位置。

（4）在强子量能器外面有大型 μ 子漂移室。

中央控制室是一个 40 多平方米的地下室，各国科技人员一天 24 小时分三班在这里值班，坐在一台台计算机终端前，聚精会神地注视着探测器的运行情况，采集数据。

莱泼正负电子对撞机于 1989 年 8 月成功地实现了正负电子对撞，并且产生了许多 Z^{0}粒子。各国科学家正是用世界上能量最高的正负电子进行物理实验，通过正负电子对撞发生的反应来研究物质结构更深层次的奥秘。

丁肇中领导的 L3 实验组于 1981 年成立，1983 年动工建造“莱泼”对撞机，1989 年竣工启用。自 1982 年以来，包括中国在内的 18 个国家的 55 个实验室和近 600 位科学家参加了 L3 实验。这是迄今为止世界上最大的高能物理实验组。丁肇中说：“L3 实验是首次在欧洲、美国、俄罗斯和中国之间开始的大规模国际科研合作。”

在 L3 组内，丁肇中组织了两个小组，独立地进行实验数据分析。两个小组将分析的事例样本和获得的截面数值互相比较核对，得到的结果一致，则表明分析可靠。

丁肇中时常通宵达旦地在实验现场工作。他头戴安全帽，乘电梯来到地下隧道，只要把一张印有英文名字和照片的磁卡塞进一个装置，便可进入安装有探测器的通道，去中央控制室解决各种探测器运行过程中存在的问题。值班时他不准研究人员做任何与实验无关的事情，不允许看书、吃东西或聊天。

10 年来，L3 实验组硕果累累。它已精确验证了粒子标准模型的准确性；验证了弱电统一理论；检验了量子色动力学的准确性。特别是，他们利用已选出的 12465 个强子事例，精确测量了中间矢量玻色子 Z°的质量和宽度，为弱电统一理论提供了决定性的实验证据，是粒子物理发展史上又一重要里程碑。

这样，L3 组根据自己的实验研究，确切定量地回答了自然界中只存在三种中微子，而不存在第四种中微子，为这个重要的物理学问题画上了句号。

在此之前，物理学界认为自然界中存在有三种中微子：第一种是电子型中微子，第二种是 μ 子型中微子，第三种是 τ 子型中微子。

自然界中是否还存在更多种的中微子呢？这个问题，一直是粒子物理学和宇宙学研究中非常重要的问题，需要通过实验验证。

Z°粒子是不稳定的，如果自然界中除三种中微子外，还存在着其他类型的中微子，则 Z°粒子的相应衰变就会使 Z°粒子的峰加宽。经实验证实，Z°粒子是不能发生那种衰变的。因此，自然界中不存在有第四种轻的中微子。也就是说，在轻子家族中只有三种中微子。这是继发现了胶子存在的实验证据之后的又一项重要实验结果。

“只有三种中微子”的实验验证，再次表明 L3 组的实验研究已走在了世界的最前列。

在中微子研究的发展史上，最早由奥地利籍瑞士物理学家的泡利（W.Pauli）在 1930 年提出了一种设想，他认为在原子核内存在着一个质量很小的、自旋为 1/2 的、不带电的稳定粒子，后来由费米命名为中微子。因为设想中的中微子不带电荷、穿透力非常大，所以很难被直接探测到。

中微子也是一种“基本”粒子，它的最大特点是既不参与强相互作用，也不参与电磁相互作用，只参与弱相互作用，具有很大的穿透本领。它可以毫不困难地穿过整个地球，甚至穿过整个太阳也只需几秒钟。正因为中微子不容易和别的物质发生相互作用，所以探测它也特别困难。

如何在实验中探测中微子并检验泡利的假设，是当时物理学家面临的一大难题。

直到 1941 年，我国著名物理学家王淦昌教授准备在浙江大学进行实验探测中微子的研究工作，但由于当时旧中国缺乏起码的实验条件，他把题为《探测中微子的一个建议》的论文送到美国，在《物理评论》（1942 年 1 月）上发表了。这篇文章中他第一次提出了通过二体衰变（原子核 K 俘获）探测中微子的方法。同年，美国阿伦在运用王淦昌提出的方法进行实验测量时，得到了中微子存在的肯定证据。阿伦发表文章，称颂了王淦昌教授的上述工作。王淦昌因此荣获范旭东奖，成为实验探测中微子的先驱者之一。

王淦昌教授有一句名言："外国人不是神仙！我们中国人不应该妄自菲薄；外国人能做到的事，我们中国人也应该做到。"

自从泡利提出中微子假设以来，70 多年过去了，中微子的研究已取得了很大的进展，它已经发展成物理学中的一个重要领域。

近年来，实验中和理论上又提出了中微子是否有不等于零的静质量，以及不同种类中微子之间是否发生振荡的问题。可以预期，在中微子物理这个领域中，将会有更多的新发现。

大自然的奥秘常常要比人们的想象丰富得多，奇异得多。它以绚丽多彩、层出不穷的新内容不断地吸引着人们去进行新的探索和研究。

从 20 世纪 80 年代中后期开始，L3 实验组计划把"莱泼"对撞机的总能量从 1300 亿电子伏特逐步提高到 2000 亿电子伏特，让正负电子激烈碰撞，使温度达到太阳表面温度的几百万亿倍，这完全是宇宙刚开始的条件。

这项实验是用人工方法模拟宇宙大爆炸的初始情景，目的在于弄清宇宙的本质。

丁肇中希望这一实验有助于寻找到宇宙大爆炸最初时刻质量的来源。L3 组计划要在这个能区精确测量 $W^{\pm}$粒子的质量，寻找弱电统一理论预言的希格斯（Higgs）粒子，研究新的物理现象，推进人类对微观世界的认识，从而有助于解开宇宙之谜。

当代科学技术发展的一个重要特征是：一方面，学科高度分化和专业不断深化；另一方面，各种不同学科相互交叉、渗透、融合，由此产生了许多新兴边缘学科。这种学科的不断分化与综合，形成了科学技术迅猛发展的潮流。

丁肇中认为，一个科学家，一定要有乐此不疲地探索自然奥秘的好奇心。

好奇心指的是人类特有的求知欲望。人们被这种好奇心所驱使，大胆探索自然界的种种规律，从而产生了一系列的科学理论。正如科学大师爱因斯坦所说："我没有特殊的天赋，我只有强烈的好奇心。"

在如何组织大型物理实验方面，丁肇中有着自己独特的见解。他说："一个实验组要做出成绩，就必须有一支精良的队伍。在组织管理上，一定要克服群龙无首的弊病，必须保持一个很高的办事效率。一旦确定了目标，就要力排众议，甚至不顾反对，坚定不渝地干下去！"

他满怀信心地说：

"要争取时间，争取第一。"

九　宇宙之谜

神奇的反物质

大千宇宙，无穷无尽。在晴朗的夜晚，我们看到遥远的天空闪烁着点点繁星，展现出一种深沉平和的美妙景象。

在浩瀚的宇宙中，地球只是一个微不足道的天体。地球受其内部动力和太阳能的驱动，在漫长的历史中，一直在不断地演化着，至今仍是一颗变化着的行星。

我们人类与地球一起，每时每刻都处于不同层次的星球运动之中，永不休止地绕圆圈，而且速度是那么惊人，绕圈的速度约为 454.8 米/秒。然而，我们却丝毫没有感觉到摇摆晃荡，在地面上行走是那样的安稳、自由自在。这不是太奇妙了吗？

自古以来，人类就一直在努力探索宇宙的本源。随着科学技术的发展，人类对宇宙和大自然的了解也越来越深入、全面。人们早就知道，天地不是盘古开出来的，也不是哪位神灵创造出来的。但宇宙到底是怎么来的，至今仍然是一个谜。

根据目前公认的大爆炸学说，宇宙可能始于 150 亿年至 200 亿年之前的一次大爆炸。大爆炸后，宇宙不断地膨胀和冷却。大量的天文学家的观察和天体物理实验的结果，支持了这一理论。

人类认识宇宙已经经历了漫长的过程，直到今天还远没有走到尽头。人类迄今所掌握的有关整个宇宙的起源和演化的知识仍很贫乏。这就强烈地吸引着丁肇中去不断地进行科学探索。特别是近几年，丁肇中把他的研究方向定位在探索宇宙的未知之谜上。换言之，他正在从事一项被他称为

“寻找宇宙最初的基本东西是什么”的科学研究工作。

丁肇中平时对科学发展史很有研究。

从亚里士多德、托勒密的地心说，到哥白尼-伽利略的日心说的演化，就花了2000年的时间，更不要说牛顿、爱因斯坦、哈勃（E.P.Hubble）、伽莫夫、霍金等科学家的卓越贡献了。

1929年，美国天文学家哈勃从星系光谱的红移推断，遥远星系都在退行（即远离我们而去），而且退行的速度同距离成正比。这意味着整个宇宙处于膨胀状态。它同爱因斯坦的广义相对论相结合，便导致了现代宇宙学说的诞生。

还有一位美国天文学家卡尔·萨根（C.Sagan），他对地球生命起源、行星大气、行星表面和地外生物很有研究。他通过照射甲烷、氨水和硫化氢气体合成的混合物，获得了蛋白质主要成分——氨基酸，为人们了解在地球原始环境中生命的起源提供了宝贵的知识。

尽管宇宙学留下了许多未解之谜，许多现象促使人们苦苦思索，但是，科学家们的不懈努力已使许多未知变成了已知。现在已经没有人相信地球是宇宙的中心，并且知道太阳也不是宇宙的中心；也已经没有人相信太阳会被天狗吃掉，人们知道那叫日食，是绕着地球转动的月球走到地球和太阳之间的时候，把太阳给遮住了。

人类对宇宙的认识，从最初的“天圆地方说”发展到“地心说”，再发展到“日心说”。到了20世纪，科学家们又提出了宇宙大爆炸理论，人类对宇宙的认识又向前推进了一步。

然而，宇宙确实给我们留下了许多疑团，有待科学家们去探索。正如一位理论物理学家保罗·哈尔彭所说：“现在是一个研究宇宙的激动人心的时代。”

我们目前生活的世界是由物质组成的，物质又是由微观粒子组成的。质子和中子构成原子核，带正电的原子核和带负电的电子构成原子，原子构成分子，分子或原子组成了宇宙中的各种物质。

20世纪30年代初，英国理论物理学家狄拉克提出了反物质的假说：自然界中除了电子、质子、中子等粒子之外，还有反电子、反质子、反中子等。这种反粒子与正常粒子在许多方面性质完全一样，可是它们却像水火一样不相容。粒子与反粒子一碰上，顷刻之间便化为一团火焰而消失，释放出巨大的能量和一对光子。正因为如此，在我们这个由正常粒子组成的地球周围，几乎找不到反粒子。所以有关反粒子、反物质的性质，有许多至今还是一个谜。

根据狄拉克的理论，如果宇宙中正电子和负电子完全对称，那么，我们身处的由物质组成的世界（地球），如果称其为“正世界”的话，在活瀚的宇宙中就应该有另一个“反世界”，它们是反地球、反太阳系、反天体、反星系，等等。然而，这个神奇的“反世界”到底藏在何处？这就使寻找反物质成为宇宙探秘的重大目标。如果能在自然界中找到反物质，将对证实“宇宙起始于 150 亿年前的一次大爆炸”理论有十分重要的意义。因为根据粒子物理理论推断：宇宙大爆炸初期，应该产生出同样数量的物质和反物质。

奇妙的是，后来欧美科学家在实验室中成功地制造出少量的反氢原子。这是在地面模拟条件下取得的反物质研究的重大成果。但是，人们迄今还没有在自然界中找到反物质。这个重大课题，恰恰是今天丁肇中所追求的目标。

反粒子是相对粒子而言的。世界上所有的粒子都有与之相对称的反粒子。例如，每一种夸克都有它的反夸克，每一种轻子都有它的反轻子。有电子就有反电子，也叫正电子；有质子就有反质子；有中子就有反中子。正如照片与底片一样。

反粒子和粒子就像一对兄弟。在性质上，既有许多相同的地方，也有许多不同的地方。例如，电子和正电子的质量相同，质子和反质子的质量相同。同时，反粒子又有许多与粒子相反的性质。

湮灭是反物质的一个奇特的性质。当反粒子与粒子，或者反物质与物质碰到一起时，并不是把什么都消灭了，而是会产生其他的正反粒子对，同时转化成巨大的能量。这个能量如果能为人类利用，将是一种可观的能源。这也是人类研究反物质的实用意义所在。

说到反物质的组成，我们知道，电子是最轻的带电粒子，它带负电；正电子是最轻的带电反粒子，它带正电。反核子是指反中子和反质子，它们组成反原子核。反原子核与正电子组成反原子，各种反原子可以组成各种反物质。

从狄拉克提出反物质假说以来，科学家们已经发现了许多反粒子。

过去人们只知道正电子是美国科学家安德森 1932 年在实验中发现的。但是，实际上最早和正电子打交道的是中国科学家赵忠尧教授，他是研究反物质的先驱。

1927 年，刚满 25 岁的清华大学教员赵忠尧，挥泪告别 70 岁高龄的老母和新婚妻子郑毓英，只身远涉重洋，来到美国加利福尼亚州帕萨迪纳城，考进了加州理工学院研究部，当了该校校长、1923 年诺贝尔物理学奖获得者密立根（R.A.Millikan）教授的博士生。

来加利福尼亚州第二年，赵忠尧便开始进行硬 γ 射线吸收系数的测量，并于 1930 年获得了博士学位。实验室的工作虽然异常紧张，可是终于获得了丰硕的成果：当选定的硬 γ 射线通过重元素时，那个问世不久的用于计算吸收系数的克莱因-仁科（Klein-Nishim）公式出现了偏差，他测定铅元素中的数值竟比公式所给的大出约 40%。也就是人们常说的，出现了反常现象。赵忠尧旋即把他首次发现的伴随着硬 γ 射线在重元素物质中的反常吸收的实验结果整理成文，三个月后的 1930 年 5 月 15 日，赵忠尧这篇划时代的论文在《美国国家科学院通报》上发表了。文中的“反常吸收”实际上就是 γ 射线在物质中产生的负电子对效应。

遗憾的是，这篇文章的真正价值竟被埋没了近 60 年之久。直到 1989 年，曾是赵忠尧学生的诺贝尔奖获得者杨振宁教授与李炳安教授在《国际现代物理》杂志上发表文章，详述了赵忠尧教授当年在物理学方面的重要贡献后，才恢复了历史的本来面目。

1979 年 4 月，欧洲第二大港口——汉堡充满了节日的气氛。来自美国、中国、欧洲、日本等国的高能物理学家，参加了在这里举行的号称世界最大的正负电子对撞机佩特拉的落成典礼。

应丁肇中之邀前来参加庆典的78岁高龄的高能物理学前辈赵忠尧教授，被全体来宾推为代表在庆典宴会上发表即席讲话。一片掌声过后，丁肇中陪同他会见了实验组的全体成员，这位老人再一次受到热烈的欢迎。

丁肇中怀着对赵忠尧教授的崇敬心情，激动地向他的实验组全体成员介绍赵忠尧的功绩。他说："这位就是著名的科学家赵忠尧教授。我们十分荣幸有机会请他来参加我们的庆典。要不是赵教授在本世纪（20世纪——作者注）30年代初对正负电子湮没发现所做出的巨大贡献，我们就不可能有正负电子对撞机，也就没有今天的物理实验研究。"

丁肇中的话，给人以启示：物理学上的重大发现都是由实验家通过实验求证出来的，人们应当从过去的历史事实中引为借鉴。

AMS实验

物理学家们一直想把磁谱仪送到太空中去，在地球外面的空间中探测宇宙反物质。让它去测量宇宙线中的带电粒子，从而验明它们的真实身份。

但是，一般磁谱仪上所使用的是普通电磁铁，体积庞大，重量往往有数百吨乃至上千吨，同时磁铁还需配有高功率的电源，科学家们无法把电线从地面拉到天上去，也不可能在空间站上建造一个发电厂。适合的方法当然是采用永磁铁，但天然永磁铁很难达到上千高斯的磁场强度。这一系列的问题，可真难为了科学家们。

丁肇中经过反复思考，并同与他长期合作共事的唐孝威教授交换意见后，开始设想研制一种能对宇宙带电粒子进行直接观测的太空磁谱仪。它可能开创一个全新的科学领域，带来粒子物理学研究的新突破。

大约在1993年年底，丁肇中教授邀请中国、美国、西欧和俄罗斯的科学家，合作进行在空间用磁谱仪探测反物质的大型实验，组成了一个由丁肇中领导的国际合作研究组，称为AMS研究组。

本来，AMS取自英文"反物质磁谱仪"的缩写。现在对AMS的解释，已改为阿尔法磁谱仪（Alpha Magnetic Spectrometer）实验，简称 AMS 实验。

这是在未来阿尔法国际空间站上进行的一项重大科学实验项目。这项雄心勃勃的研究计划的主要目标，是寻找宇宙中的反物质和暗物质，探索天体物理、粒子物理和宇宙论的重大疑难问题。

丁肇中（中）和唐孝威（右）在交谈实验方案

来自美国、中国、俄罗斯、意大利、瑞士、德国、法国、芬兰等 10 多个国家和地区的 37 个研究机构的物理学家和工程师参加了这一大型国际科学合作项目。中国科学院高能物理研究所、电工研究所、空间中心和中国运载火箭技术研究院、北京卫星环境工程研究所、中国水利科学研究院，是中方的参加单位，并在研究组中发挥了关键的作用。

举世瞩目的 AMS 实验，就此开始。

在 1994 年 3 月，丁肇中教授访问中国时，惊喜地获悉中国科学院电工研究所在永磁铁的理论和应用研究中取得了重大进展。原来，中国科学院电工研究所的科研人员因为一些应用研究的需要，着力解决了用永磁铁取代超导磁铁的问题，并且取得了成功的经验。丁肇中会同唐孝威一起来到中国科学院电工研究所参观考察，中国科学院电工研究所用他们多年来在研究核磁共振永磁体方面取得的丰富经验，向丁肇中提出了一个完全用钕铁硼稀土永磁材料制造太空实验所需的永磁铁的独特设计方案。用该方案做成的永磁铁，具有磁场强、漏磁小的明显优点，而且它的磁二极矩也很小，几乎为零。钕铁硼磁铁，因为是永磁铁，所以不用电源，装备在太空磁谱仪上，将是非常合适的，完全能满足 AMS 实验在空间运行的要求。丁肇中如获至宝，多年来困扰空间磁谱仪的难题，终于找到了理想的解决办法。

其后不久，丁肇中就向美国能源部提出了进行 AMS 实验的方案。他在方案中写道："中国永磁铁技术近期的发展……使 AMS 实验成为可能。"不久就获得美国国家航空航天局（NASA）对该项研究的支持。因此，我们可以说，正是因为有了中国科学家独具匠心制造的永磁铁，才使制造太空磁谱仪的梦想成为现实。

经过激烈的投标及国际的初步技术协调，中国在 1995 年 6 月的招标大会上一举中标，被选定为阿尔法磁谱仪 AMS 主结构的设计、生产及相应的环境模拟试验的研制单位。

要实现 AMS 科学目标的关键是，必须研制一个能在宇宙空间条件下运行的强磁体，以区分带电粒子的电荷的符号，精确测量它们的动量，并配合其他测量，识别粒子种类。

丁肇中要求制作的阿尔法磁谱仪中的磁体质量、精度都是世界第一的。他说："对我来说，只有第一没有第二，第二就意味着最末。"

在科学上严谨得近乎苛刻的丁肇中，在美国要主持 AMS 计划的全盘实施，但在中国制作 AMS 磁体的关键时期，他每个月都要来中国一次，亲自到中国科学院电工研究所和中国运载火箭技术研究院等单位检查工程质量，而且越是有问题的地方他去得越多。一旦发现差错，不管是谁，他都会毫不客气地批评一通，一点也不留情面。

丁肇中在一次听取技术负责人夏平畴研究员汇报磁体数据计算时，发现并指出有一个数据不准确，夏平畴研究员正要辩解，丁肇中立刻严厉地说："在科研领域里来不得一丝一毫的差错，一个数据不准确就可能造成整个 AMS 磁谱仪科学实验的失败，难道你这样大年龄的科学家不懂得这个道理吗？”说得年过花甲的夏平畴研究员无言以对，难过得连中午饭都没有吃。

AMS 这个庞大的磁体，是用新型高磁能积钕铁硼永磁材料制成的，长 0.8 米，内径 1.1 米，外径 1.4 米，重 2 吨。它沿着圆周分成 64 条扇形磁棒，5500 块标准磁块按照各自的磁化方向粘拼成 16 种 128 个方阵。磁铁的中心磁场强度达到 1400 高斯。科学家们考虑到 AMS 磁体的磁场很强，为了防止磁体在空运中影响飞机的导航系统，特制了专用的运输屏蔽箱。

除了永磁铁，中国科学家还采用高精技术，为 AMS 设计研制了机械结构和反符合计数器，做了大量的空间环境模拟试验工作，使这些仪器具有非常优越的性能。

中国科学家和工程师为 AMS 实验先后研制了三个大型永磁体。1996 年 7 月完成了磁体初样，1997 年 3 月完成了飞行磁体，1997 年 4 月到 7 月，经过三个月的奋战，中方各单位高水平、高质量地按期建造了第三个磁体，并通过了 NASA 第二阶段的安全评审，还破例取消了第三阶段的评审，提前通过。因而受到了丁肇中教授和 NASA 的高度赞扬。

阿尔法磁谱仪 AMS 主要由永磁体和一组精密探测器两部分组成。

磁谱仪的主体结构是永磁体，为圆柱形，用稀土钕铁硼材料制成，能长期在太空稳定运行。

AMS 结构

在 AMS 中，安装了多种探测器，以探测并获取磁场反应的粒子、电荷以及粒子的轨迹、速度、质量等信息，进而可以推断粒子的正与反。其中，硅微条径迹探测器，用于测量带电粒子在磁场中的运行轨道；闪烁体探测器可用于精确测量带电粒子的飞行时间，由此可以知道粒子的飞行速度；反符合计数器，用于排除从侧面进入磁场的不需要记录的粒子；契伦科夫探测器，安装在 AMS 的最底部，将根据速度鉴别不同粒子，区分反质子和电子、正电子和质子。

整个探测器的机械结构精密度非常高，自重 300 千克，都必须能支持重达 3.2 吨的整个探测器，同时能达到航天飞机在起飞和着陆时对机械结构强度的要求。

AMS 实验要求反符合计数器效率必须达到 99.999%以上，尺寸公差十分严格，并能经受航天飞机的巨大加速度和剧烈振动，能长时间在空间环境工作。中国科学院高能物理研究所的研究人员圆满地完成了反符合计数器的设计、研制和空间环境模拟试验，还参加了它的飞行件的设计、研制和测试。

为了保证 AMS 能够可靠地采集、传送和分析数据，AMS 设计开发了一整套复杂的电子学、软件、地面支持系统。这一系统是 AMS 的生命线，负责监测控制探测器各部分的运行状态，从各个探测器采集数据，并将数据传回地面。

AMS 的电子学系统，用来对探测器进行监视控制、数据采集和传输。

丁肇中在 AMS 实验室

1998年1月，AMS磁谱仪被运抵美国佛罗里达州肯尼迪航天发射中心，与美国发现号航天飞机顺利进行接口联调。

AMS的实验计划将分两步进行。

第一步是试验飞行，在发现号航天飞机上做为期10天的太空遨游。这次试验飞行的目的是检验整个磁谱仪的性能，看看实验仪器能否经受得住太空条件的考验，同时采集数据，获取一些物理结果。

第二步是针对试验飞行中所发现的问题，对磁谱仪进行必要的改进，并增添一些新设备，进一步提高装置的测量精度，扩大探测范围，减少系统误差，让磁谱仪的本领更高强，等到2008年，再把它送到阿尔法空间站上，连续进行3～5年的实验。

不言而喻，AMS的第一大目标，将是探测宇宙中的反物质。具体地说，它将寻找宇宙空间中的反碳核和反氦核。

由于AMS对反物质探测的灵敏度要比现有的实验高出1万到10万倍，如果宇宙中真有反物质，恐怕很难逃过它的火眼金睛。

我们知道，AMS的第二大目标，是寻找暗物质。

按照目前的理论估计，暗物质在银河系和宇宙中约占90%，这个数量确实惊人，使物理学家大为震惊。但这种暗物质到底是什么，至今仍然众说纷纭，莫衷一是。

如果说，由于在实验室里已经产生了许多反粒子和反氢原子，所以我们对反物质还有所了解，那么，我们对暗物质则几乎一无所知。因为除了由天文学的观测间接推测宇宙中存在大量的暗物质外，还没有直接的实验证据。

对于暗物质的本质，至今谁也不清楚。但人们对此却有很多的猜测。其中一种猜测认为，宇宙中充斥着一种稳定的粒子，叫作“弱相互作用重粒子”。假想的弱相互作用重粒子，将是暗物质的一个极有可能的候选者。因为它既不发光，也不发出其他任何形式的电磁辐射。

科学家预计暗物质的湮灭可能在反质子、正电子或光子的能谱中留下一些蛛丝马迹，而AMS正好能够对太空中反质子、正电子和光子的能量分布进行精确测量，从而有望解开宇宙中暗物质存在与否之谜。

我们毫不怀疑，只要宇宙中确有反物质和暗物质存在，人类迟早会一睹它们的风采。丁肇中是绝不会停止对宇宙奥秘的探索的。

揭开探寻宇宙之谜的序幕

1998年，美国东部时间6月2日下午，位于美国东海岸佛罗里达州卡纳维拉尔角的肯尼迪航天发射中心，成为举世瞩目的新闻焦点。人类历史上第一个太空实验磁谱仪——阿尔法磁谱仪（AMS）将搭载发现号航天飞机，从这里升入太空。

阿尔法磁谱仪，作为一个特殊“宇航员”格外受到人们的关注，中国科学家对它更是倍加关注。因为在它身上装载着中国人的智慧——永磁铁。它的诞生与神奇的反物质密不可分。有了它，阿尔法磁谱仪就有了一双敏锐的眼睛。它对反氢原子核的测量，灵敏度能达到一百亿分之一，也就是说，如果在100亿个原子核里混入1个反氢原子核（反质子），它也能检测出来。它还能测出空间中的反质子和反电子。

此时的肯尼迪航天发射中心，天空罕见的晴朗，地面气温高达35～38℃，可谓热浪滚滚。但比天气更热的，是坐满观礼台的包括中国科学家在内的各国贵宾们的高涨情绪。许多访美的国家领导人也被特邀来这里一睹发现号升空的壮观场面。

比以往多一倍的300多名新闻记者在观礼台上架好摄像设备，调好焦距，等待着那一激动人心的时刻。

令人激动的时刻终于来到了！

美国东部时间18时6分（北京时间6月3日清晨6时6分），一个重达3.5吨的宇宙探测器——阿尔法磁谱仪（AMS），搭载在美国发现号航天飞机上，从美国佛罗里达州肯尼迪航天发射中心随着一声轰鸣声徐徐升入太空，观礼台上立刻响起一片雷鸣般的掌声和欢呼声，自此揭开了人类第一次把磁谱仪送入太空探寻宇宙之谜的序幕。

阿尔法磁谱仪搭载发现号航天飞机升空发射现场

用来寻找太空中的反物质和暗物质的粒子探测装置AMS的核心部件（主体）永磁铁是由中国研制的。它搭载的发现号航天飞机上，升空的六名宇航员中还有一位有四分之一的华人血统。这对全世界的炎黄子孙无疑具有特殊意义。

这次发现号航天飞机发射的另一个重要任务，是与太空中的俄罗斯和平号空间站进行第九次，也就是最后一次对接。

然而，一天之前曾传来意外消息：和平号电脑出现故障，空间站偏离方向。对此，NASA有关官员警告说，如果和平号电脑故障一时难以排除，发现号只能推迟发射。

不过，事情终于出现了转机。很快，和平号便传来佳音：空间站已经排除一切故障，11 个自动定向的陀螺仪全部启动，使空间站恢复面向太阳的朝向，发现号航天飞机可以按预定计划升空。在肯尼迪航天发射中心彻夜难眠、翘首以待的宇航员以及所有专家、工作人员在获知这个好消息后，都长长地舒了一口气。

发射当天，发射中心气温高达 35℃，接近发射的极限温度 37.2℃，但发射依然比预定计划提前四分钟开始。

当地时间 18 时 6 分，助推火箭顺利点火。高高耸立的 39 号发射台发射架下喷出金红色的烈焰，2000 多吨重的发现号航天飞机，在具有 3000 多吨重助力的助推火箭的带动下，犹如一条白色的巨龙飞向天空。在略微转过一个角度之后，发现号航天飞机越升越高，像一把利剑，划破了略有薄雾的深蓝色天空。

发射后 1 分 50 秒左右，两个巨大的白色固体助推火箭燃料用尽，与发现号航天飞机机体顺利自动脱离，在蓝天中划出两道优美的弧线，落入大西洋，被美国海军收回。而发现号航天飞机这时已经度过“发射紧急取消”“返回发射中心”的最后时限。发射后 8 分钟左右，发现号所有主动引擎都关闭，航天飞机依靠惯性冲破地球引力，徐徐飞向太空。

发射当天，中国中央电视台成功地向海内外现场直播了阿尔法磁谱仪 AMS 随美国发现号航天飞机发射升空的壮观场面，同时通过大量的背景报道和演播室访谈，向广大观众介绍了现代物理学最前沿领域的一些尖端知识，引起了观众的极大兴趣。

这次到美国去直播，中央电视台派出了 20 多人的强大阵容，配备了具有世界一流水平的转播设备，在距离航天飞机发射台 8 千米的草坪上搭设起一个开放性直播区，现场直播阿尔法磁谱仪 AMS 升空实验的全过程，并通过太平洋国际通信卫星与北京的演播室进行双向交流，安排中、美顶尖科学家之间的越洋电话，现场采访丁肇中教授，开设热线电话，增加了观众与节目之间的交流环节。

这是中央电视台第一次大型境外直播。节目充分展示了我国科学家为研制阿尔法磁谱仪所做的贡献，也显示了我国科学研究事业的巨大成就。

这次直播的难点，不仅在于报道的技术手段，更在于大量知识性的背景报道如何表现，即如何把深奥的科学原理讲得通俗易懂，使大多数观众都能听明白、感兴趣。阿尔法磁谱仪的科学目标是探测反物质和暗物质。

这些问题都是现代物理学中最尖端、最深奥、最抽象的问题，许多问题在理论上还没有完美的解释，这也正是这次科学实验所承担的历史使命。为了向观众讲明一个概念，往往要引入一系列新的概念，又要对这些概念再进行解释，要求生动鲜活，能激发青少年探索未知世界的浓厚兴趣。这真是难为了编导和主持人。

担任这次科学题材直播的两位主持人，一位是北京演播室的主持人方宏进，他是大家熟悉的《焦点访谈》节目主持人，大学本科学的是物理专业。还有一位是美国现场主持人陈晓薇，她能说一口流利的英语，是英语频道的主持人，而且她学的专业就是天体物理。随着节目的深入，所有的编导都陷入了对现代天体物理、高能物理研究的思考之中，甚至达到了近乎痴迷的地步。他们反反复复研究表述方式，一个概念一个概念地抠，一个段落一个段落地试，并尽可能地利用动画、图板等电视表现手法。最终表明，这次推出的对科学事件的大型新闻直播报道，最能体现电视新闻的魅力，受到了广大观众特别是青少年的热烈欢迎。这也是中央电视台近年来报道实力和报道水准进一步提升的重要标志。

AMS 磁体发射升空（1998 年 6 月 2 日）

阿尔法磁谱仪搭乘美国发现号航天飞机升空后，经过 10 天的成功飞行，于美国东部时间 6 月 12 日下午安全返回肯尼迪航天发射中心。AMS 在首次飞行中工作正常，探测器在升空后三小时开始正常工作。

发现号航天飞机于6月4日下午1点与和平号空间站对接，6月8日中午12点与和平号空间站分离。在此期间，AMS继续采集数据，没有受任何影响。

AMS观测到了原初宇宙线粒子，包括质子、各种原子核，也观测到了反质子。据科学家认为，观察到了反质子，并不等于观察到了反物质。反物质是指反氦核、反碳核等，反质子可能是通常宇宙线粒子碰撞产生的次级粒子。

AMS在整个飞行过程中，共获取了220小时的数据，总共取得两亿个事例。通过对传到约翰逊空间中心的大约10%的数据的初步分析表明，AMS的数据质量很好，能正确区分各种粒子，测量精度也达到预期要求。两亿个事例中，约80%左右为质子，20%左右为各种原子核，还有正电子和反质子。

丁肇中教授在6月10日休斯敦的记者招待会上，公布了从AMS中获取的一些初步结果，引起物理学家们的极大兴趣。接着，瑞士苏黎世联邦工学院的霍夫教授，于6月12日在日内瓦的欧洲核子研究中心作了AMS首次飞行的报告，也公布了一些初步结果。中国研制的永磁体和机械结构经受了起飞和着陆的考验，工作正常，受到各国科学家的高度赞扬。

AMS已从美国运回日内瓦的欧洲核子研究中心，正在进行全面的测试。AMS的全部数据，也已同四台大型计算机一起运回欧洲核子研究中心，进行深入的分析。中国科学院高能物理研究所早已建立了分析AMS数据的环境，并通过计算机网络获得数据进行分析，以期取得重要的物理结果。

阿尔法磁谱仪这次成功升空，无疑会在世纪之交激发人们对宇宙探秘的企望。作为人类送入太空的第一台磁谱仪，在10天飞行中所获得的反质子事例数，比迄今为止所有的高空气球实验获得的反质子事例数的总和还要高出许多倍。这次实验，为2008年在阿尔法国际空间站上的长期运行奠定了基础，积累了经验。

科学上谁正确就得服从谁

全世界共有 16 个国家和地区的 22 所大学、科研机构，加盟 AMS 这项旨在探测宇宙中究竟有没有反物质世界存在的国际合作研究计划。

来自世界各地的众多科学家会聚到一起开会，既没有开场白，也没有客套话，大家都习惯于坐下来就交流具体的技术问题。每个发言的人事先必须做充分的准备，数据必须准确，必须把每一个技术细节都考虑周密，要求非常严格。

丁肇中说，这样大的一个国际合作项目，参加的国家、单位和科学家这么多，文化背景、作风习惯等都不同，必须要有严格的制度、规定和要求。譬如，我通常很注意科学家每次的发言，与上一次或前一次，有什么地方矛盾了，尤其是数据，如果前后不一致，一定要讲清楚为什么这次的数据与上次不一样。

丁肇中接着说，你一定要把真实情况说清楚，不能隐瞒，不能欺骗。所以，每个人在发言时，都要注意自己上次是怎么说的，如果他没有记住，我会记住他上次说的数据是什么。如果这次不一样了，我就会立即提出来问他，他必须回答清楚。

有时你会看到丁肇中对某一位科学家批评很严厉，几乎不留什么情面，不管他是哪一个国家的，地位有多高。丁肇中说："我不这么做不行。这样大的国际合作项目，会遇到各种复杂的问题，不能允许相互推诿，相互扯皮。所以，我们既要讨论、交流，又要决断决行。在科学上，谁正确，就得服从谁。"

丁肇中在谈到阿尔法磁谱仪 2 号（AMS-02）计划时非常有信心。他说："将这样一个重达 7 吨的探测器送上太空，去寻找反物质粒子，这是以前从来没有做过的事情，是一种全新的探索和尝试，所以任何发现都将是新的，都是很有意义的。至于反物质粒子找得到还是找不到，我现在不知道，但关键只要仪器的灵敏度和质量好，那么，放在离地球 400 千米的空间站 3

年下来，可以有所结论了。因为我们也已经是找到宇宙的边缘，如果找不到，可能也就是没有了。应该看到，随着科学的不断发展，今天要做出具有重大意义的发现，要比上一世纪难得多了。现在，物理学每做一项新的实验，都耗费巨大。所以，进入21世纪后，还难说有重大发现。如果AMS项目能证实反物质的存在或不存在，应该说，都是21世纪初的重大发现了。”

那么，究竟是什么因素驱使这一大批科学家为此如此奋力地工作呢？

丁肇中回答说：“是兴趣。他们现在做的每一样东西，都是全新的挑战，以前没有人做过，都是很困难的，而这更能激起他们的兴趣。尽管现在做的这些工作技术性很强，会很枯燥，但我们追求的是结果，而结果是非常吸引人的。”

整个AMS项目，涉及许多学科领域，技术知识含量非常新，要求又很高，作为领军人物的丁肇中，必须对每一项技术都非常了解，对每一个细节都了如指掌。重要的是对技术规范、标准的掌握，以及对数据的收集、分析，能及时发现问题所在。他说：“我会想得很具体，发现问题，我就会立即打电话，给德国、意大利或别的国家的科学家，与他们讨论，有时请他们过来。我基本很少看书，一有空就是想。书都是别人写的，讲的是别人已有的知识，而我们现在做的完全是新的，是别人的知识所没有的，所以只有靠自己。我绝大多数的时间都是在想，靠平时聚精会神反复思考实验的每一个细节。”

善于思考的丁肇中，其智力高得惊人。有人称赞他为奇才，恐也不为过。

实验物理学由于实验的技术准备时间比较长，所以往往当一个实验的技术准备阶段即将完成时，就得立即考虑和酝酿下一个实验将是什么。

当准备AMS-02即将完成之际，丁肇中已积极在为AMS-03实验做各种准备工作了。

AMS-03与AMS-02的主要区别在于：超导磁体将不采用超流液氦冷却。AMS-02要用2500升的液氦，低于零下272摄氏度。用液氦冷却，密封得再好，液氦仍会有微弱的泄漏和蒸发，所以超导磁体在太空的寿命只有3～5年。而AMS-03考虑用电来冷却超导磁铁，就像空调或冰箱一样，将冷却剂循环使用，这样就能延长使用寿命，使探测器能在太空工作更长的时间。这一技术，在美国和日本已经解决，但怎么上太空，丁肇中让中国科学院电工研究所研究这一问题。

进行太空反物质探索的构想，是丁肇中在1993年年初首先提出的。在获得NASA对该项研究的支持后，即开始AMS实验计划的实施。先以永久磁铁设计AMS-01，于1998年利用航天飞机放在太空中进行为期10天的实验，发现到粒子的迹象。随即向NASA及欧洲核子研究中心提出计划，进行第二阶段AMS-02的设计计划。

依据丁肇中的想法，从来没有人将人造大型磁场送到太空中进行实验，AMS-01 采用的是永久磁铁，AMS-02 则将改用低温超导磁铁，产生最高2.5Tesla的超强磁场，将放置在国际空间站（ISS）上进行为期3～5年的实验。他对组织国际团队来完成AMS-02目标抱有坚定的信心："因为从来没有人做过，所以用我们的智能去突破困难，必定可以达到目标。"

为了和遍布世界各地的AMS研究机构保持密切联系，丁肇中每月要在瑞士和美国之间往返飞行2或3次，中途还要飞到中国和其他地方。一般人坐飞机不能休息，可丁肇中正相反，坐飞机是他最好的休息方式，而且他一下飞机就能工作。有人说，丁肇中是位典型的"工作狂"，的确，他对科学的热爱已近乎痴狂。

有一次开会讨论工作，一位教授在下面小声和人讲了几句话，丁肇中发现后，走过来不客气地对那位教授说："请你出去！到外面讲话去！"于是，那位教授便到房子外面蹲着去了。过了一会儿，丁肇中出来对他说："请你还是进来吧！我们需要你的智慧。"

贵在创新

1999年的金秋时节，丁肇中应中国科学院的邀请，前来参加中国科学院建院50周年的庆祝活动。11月3日这一天，丁肇中在北京科技会堂举行的中外著名学者学术报告会上，作了题为《我所经历的20世纪实验物理学》

的精彩演讲，尤为引人注目。

他讲述了过去由他主持进行的四次有重大科学价值的高能物理实验及作为现代科学家应具有的素质。

第一个实验是测量电子半径

根据量子电动力学，电子是没有半径的，它的半径为零。

1964 年，哈佛大学和康奈尔大学的著名科学家进行的一个实验，得到与这种理论不符的结果。丁肇中当时刚刚获得博士学位，也想显露一下身手，觉得应该重复一下这个实验。可是，在美国，几乎所有的人都认为这是第一流专家做的实验，大可不必重复。

直到 1965 年，丁肇中到了联邦德国汉堡的同步加速器研究中心，才有机会重复这个实验。

1966 年，他用不同的方法重复这个实验，发现电子的半径确实小得无法测量。实验的结果与理论的预言完全相符。由此，他深深体会到：在科学研究的领域中，不要盲从专家的结论。

第二个实验是发现新粒子家族

20 世纪 70 年代，人们认为基本粒子是由三种夸克组成的。丁肇中对此持怀疑态度，但他想进行实验的想法却遭到了几乎所有国家的大型实验室的拒绝。

为了寻找新夸克，他决定建造一个高灵敏度的探测器。最终于 1972 年到 1974 年，他们在美国布鲁克海文国立实验室开展了实验，发现了一种全新的夸克。这就表明，以前认为只有三种夸克的观念是错的，因为发现了第四种夸克。有了第四种，那就可能会有第五种、第六种……就把以往的观念给改变了。

丁肇中由此得出的体会是，对自己应该充满信心，做你自己认为是正确的事情。

第三个实验是发现胶子存在的证据

丁肇中与中国科学院唐孝威等科学家合作，在 1979 年的科学实验中发现了三喷注现象，而这一结果是他们事先没有料到的。

讲到这里，丁肇中风趣地说：“所有物理现象的基本观念，其实是非常简单的。”

他由此富有哲理性地指出，在科学研究中，特别是在自然科学研究中，要对意料之外的现象有充分的准备。

第四个实验是寻找反物质

丁肇中说，反物质的存在，是20世纪30年代由英国科学家狄拉克提出来的。他注意到，在相对论和量子力学中，质量都是成平方的。由此科学家们一直想解决这样一个问题：“由反物质组成的宇宙在什么地方？”

“去年（指1998年——作者注）6月2日，重达3.5吨的阿尔法磁谱仪（AMS）在美国肯尼迪航天发射中心由发现号航天飞机送入太空。它在太空中进行了10天实验，观测到了原初宇宙线粒子，包括质子及各种原子核，也看到了反质子。”

他说：“这是人类第一次在太空测量带电粒子。我们发现了许多想象不到的现象。第一个不能想象的结果是，发现在赤道上面，正电子数目比负电子数目多四倍。第二个比较难以解释的现象，就是在赤道上空有离地面400千米、长4200千米、厚10千米、能量达40亿电子伏特级的质子环，进去和出来的质子是一样多。”

“磁谱仪的关键部件是一块由中国科学院电工研究所和高能物理研究所等单位研制的永磁铁，它在实验中性能良好。”

“预计在阿尔法磁谱仪AMS-02上，将安装由英国牛津大学制作的超导磁铁，磁性将比永磁铁大10倍。航天飞机将把这个改进后的探测器送到阿尔法国际空间站，运行3～5年。”

“阿尔法磁谱仪还肩负着寻找宇宙暗物质的使命。因为暗物质是宇宙的主体，占到宇宙总重量的90%以上。但目前还观测不到。”

最后，丁肇中说：

“从过去50年加速器的发展史来看，每次做加速器的实验，都投入了大量的经费，但实验的发现，往往同原定的目标根本不同。根据这个经验，这次耗资巨大的寻找宇宙反物质和暗物质的实验，很可能也会发现同预定目标全然不同的东西。但重要的是，这是第一个发射到太空中的磁谱仪，它将探索一个全新的科学领域。”

丁肇中的学术报告，使人听了耳目一新。与会的中外专家、学者，特别是青年科技工作者（丁肇中称他们为“青年科学家”）报以长时间的热烈掌声。

丁肇中是一位非常珍惜时间的科学家，他工作繁忙，行程匆匆。在这里刚作完报告，又立刻驱车赶到北京西郊，与中国科学院高能物理研究所、中国运载火箭技术研究院、中国空间技术研究院等单位的科学家一起，共同讨论阿尔法磁谱仪的设计与研究。

丁肇中（左五，左六为丁肇中的女儿）
参观中国运载火箭技术研究院时的合影

为了准备在阿尔法国际空间站上长期实验，AMS 将进一步改进性能，增加新的探测器。中国科学院高能物理研究所的物理学家将承担电磁量能器的研制等重要项目，以及后续的大量研究工作，继续为 AMS 实验和高能天体物理的发展做出贡献。

在丁肇中短暂休息的间隙，闻讯赶来的多家报纸记者采访了他。

有记者问：“您认为中国的科技水平现在居什么样的地位？与世界发达

国家有何差距？”

丁肇中说：“中国其他科学技术领域的现状，我不能说很了解。但起码有一点，我认为中国在高能物理方面的成就与贡献是世界一流的，中国高能物理研究，无论是理论，还是实验，其水平在世界上也是先进的。”

关于科学研究的动力，丁肇中回答记者说：

“科学研究是一种永远的不竭不尽的知识探索。研究自然科学最重要的一条，就是研究者对研究对象要有兴趣。兴趣是最大的动力。唯有如此，做科学技术研究才会有所成就。”

迄今为止，科学研究已经表明，宇宙起源于大爆炸，宇宙中 90%以上是暗物质，宇宙在大爆炸发生之时就存在着正电子与负电子，正物质与反物质。那么，如果这一理论成立，为什么我们都只知道有物质而寻找不到反物质呢？反物质究竟在哪里呢？

丁肇中认为，作为科学家，全部工作的意义就在于解开这些秘密。但是，获得答案的手段只能靠科学探索。每一个使人信服的结论，都必须经过严格的科学实验的检验。科学家常常要面对获得的大量数据信息，必须经过精密的科学分析才能得出结论，科学家是不会轻易给一些自然现象下结论的。这就是为什么在探索未知世界的时候，科学家比一般人显得更谨慎、持有更多疑问的原因所在。丁肇中相信，由于科学手段的不断改进，科学实验正在一步步深入，相信科学会为我们解开一个个谜团，从而一步步走近科学的真理。

对于 AMS 科学实验能否取得重要成果，丁肇中认为，解开宇宙奥秘不是短时期能办到的。但他充满信心地说：

“在新世纪的前二三十年里，人类在探索宇宙奥秘方面，一定会有重要的突破。”

十　未有穷期

“四分之一”观

丁肇中来中国合作搞科研，进行学术交流活动相当频繁和活跃。他对中国科学技术的未来发展前景充满信心，并寄予厚望。他的这种殷切心情表露在他反复提到的“四分之一”观上面。

丁肇中在接受记者采访时断言：“占世界人口四分之一的中国，必将对世界的科学技术贡献达到四分之一的水平。”

寄望中国青年

另一位诺贝尔奖获得者、华裔科学家李政道在1995年来华时曾经讲过，今后10年到20年，高科技的重要领导，很大部分将是华人。为什么呢？因为他看到的是：当今世界的各个重要的物理实验室里面，很大的比例是华人。

日本科学史家汤浅光朝认为，如果某一个国家在一定时期内的科技成果超过全世界成果总数的四分之一，那么，这个国家就可称为“世界科学中心”了。

中国是一个曾经对人类进步做出过巨大贡献的东方文明古国。直到15世纪，中国在大多数科技领域一直处于世界领先地位，特别是数学、天文学、机械业、化学、医学等方面，取得了一系列令西方人赞叹不已的成就。

中国是世界上最早进入封建社会的国家（春秋战国之际），和古希腊的科学技术相比，虽然起点较低，但在战国到秦汉的数百年间，中国科学技术的许多门类在很多方面都超过了西方。到了宋、元（公元10世纪到14世纪）时期达到了高峰，出现了一系列的发明创造：关于圆周率的计算、高次方程的数值解法、丰富的天象记录和地震记录、比较准确的历法、地图学、水利工程、建筑、纺织丝绸、瓷器、铸铁，以及最早的天文仪器和地震仪器等。尤其是中医和中药学，以其博大精深的理论，及其卓越的临床疗效而屹立于世界科学之林，迄今仍是举世公认的医药宝库。在长达几千年的封建社会里，中国的科学技术，在许多方面和同时期的西方相比，都处于领先的地位，直至西方近代科学产生之前。我国的四大发明——火药、指南针、印刷术和造纸术，大大加速了近代文明在欧洲的兴起。

科学技术发展的历史，就是一部后浪推前浪、承前启后的历史。

100年前的电磁学、热力学、光学等当初最先进的科学，导致了今天的电视、无线电技术；固体物理、量子物理的基础研究演绎出新材料，导致了半导体、激光和计算机技术……

丁肇中的观点是：自然科学的研究成果，就是一座由基础研究转变成应用技术的金字塔。

然而，在17世纪中叶以后，中国内无商品经济的发展为动力，外无新的科学思想和先进技术的刺激，科技发展如江河日下，濒临绝境。从公元前6世纪一直到公元1500年，在世界重大科技成果中，中国所占比例一直在一半以上。此后直线下降，到19世纪只占0.4%，在“五四”运动之前，我国基本没有成规模的科学技术研究与发展体系。

中国就这样保持着“四分之一”的人口，却失去了“四分之一”的地位。

就在我国的清朝早期，欧洲的文艺复兴运动开始了。它发源于16世纪工商业最发达的意大利。当时，生产技术的发展，为科学提供了丰富的资料和必要的实验工具，这样，世界的科学技术中心开始由东方转移到以意大利为中心的欧洲。

应该说，近代科学是古代科学的继承和发展，但两者有着本质区别。古代科学，包括古希腊、中国、印度和中世纪阿拉伯的科学，基本上处于现象的描述、经验的总结和猜测性的思辨阶段，主要是以直觉的和零散的形式出现；而近代科学（以物理学为标志），则是把系统的观察和实验，同严密的数学与逻辑体系结合起来，形成以实验事实为根据的系统的科学理论。

由于近代科学的发展，直接动摇了封建统治的思想基础。因而，自然科学的先驱们一开始就遭到残酷的镇压，受尽折磨和迫害，甚至献出生命。

1543年，波兰天文学家哥白尼以“太阳中心说”，向教会敕封的地静的宇宙观提出严峻的挑战，叩开了近代科学的大门。同年，布鲁塞尔的解剖学家维萨里（A.Vesalius）出版了《人体构造》，向传统的“肝为血液循环中心说”提出挑战，不久受到教会的迫害。意大利哲学家、数学家、天文学家布鲁诺（G.Bruno）因宣传哥白尼的新宇宙观，最后被处以火刑。

伽利略用自己制造的望远镜发现了许多天文现象，为哥白尼的地动说提供了有力的证据。他还进行了一系列关于物体运动的实验，推翻了以亚里士多德为代表的传统的运动观念，开创了科学实验同数学相结合的科学方法。他因提出一系列的物理定律而成为近代科学的奠基者，在他70岁时受到宗教法庭审判，被终身监禁。

从17世纪到1830年，即我国明末到清朝道光年间，世界科技中心由意大利转到英国。1662年，17世纪自然科学家的摇篮——英国皇家学会诞生。科学巨星牛顿在伽利略和开普勒（文艺复兴时期德国的天文学家、数学家）的行星运动三定律等基础上确立了三条运动基本定律和万有引力定律，形成了一个完整的力学理论体系，牛顿力学在整个自然科学领域里占统治地位长达200年之久。

与牛顿前后涌现出来的波义耳（R.Boyle）、胡克（R.Hooke）、哈雷（E.Halley）等一批优秀科学家，把英国的科学水平提高到了世界的顶峰。从1660年到1730年，英国的科学成果占全世界40%以上。

波义耳是英国化学家、物理学家。他很早就从事科学实验工作，1654年建立了牛津大学的实验室。1663年他被选为英国皇家学会会员，1680年任会长。

1662年，波义耳发现了气体的体积随压强而改变的规律，即一定质量的气体在保持温度不变时，它的压强和体积成反比。1676年，法国物理学家马略特（E.Mariotte）也发现了这一定律，因而该定律被称为波义耳-马略特定律。

在化学方面，他批判了当时点金术士的唯心主义“元素”观，将元素定义为不能分解的物质，使化学研究开始建立在科学的基础之上，从而“把化学确立为科学”。

波义耳还提出了运动中的原子与大部分自然现象有关的观点，并对光的颜色、真空与空气的弹性等进行了研究。

1655年，胡克被波义耳雇来制造波义耳空气泵，五年后（1660年）他发现了弹性定律，称为胡克定律。他是第一个制造格雷果里反射望远镜的人。1664年，他发现猎户座的第五星，第一个提出木星绕轴旋转。1672年，他发现衍射现象。1678年，他宣布用平方反比律来描述行星的运行，这是后来经牛顿修改后使用的定律。他曾抱怨对这个定律的发现没有充分肯定他的功绩，与牛顿发生过激烈的争论。他在很多领域里都做出过卓越的贡献。

哈雷生逢以新思想为基础的科学革命时代。1676年，他到南大西洋的圣赫勒纳岛测定南天恒星方位，完成了记载341颗恒星精确位置的南天星表，还做过大量的钟摆观测。1678年，他被选为英国皇家学会会员。1684年，他到剑桥向牛顿请教行星运动的力学解释。牛顿受哈雷研究取得进展的鼓舞，扩大了他对天体力学的研究，并把哈雷研究成果收入他的不朽巨著《自然哲学的数学原理》中。

哈雷具有处理和归算大量数据的才能。1686 年，他公布了世界上第一部记载有海洋上盛行风分布的气象图。他长年致力于观测天文学的开创性探索，1705 年，他在出版的《彗星天文学论说》一书中，记载了 1337 年至 1698 年间出现的 24 个彗星的轨道，指出“出现在 1531 年、1607 年和 1682 年的三个彗星可能是同一个彗星的三次回归”，并预言它将于 1758 年重现。由于预言得到证实，后世便将此彗星命名为哈雷彗星。

18 世纪 60 年代，在科学革命的助动下，英国的产业（工业）革命开始了。它以蒸汽机的广泛使用为主要标志。接着，相继发明了轮船（1807 年）和火车（1814 年），使交通运输业发生了根本性的革命，从而推动了冶金工业和机械业的极大发展。

18 世纪 90 年代，法国大革命中资产阶级夺取政权以后，废除了封建君主制，对科学采取保护和奖励政策，使法国科学事业面目一新，跃居世界领先地位将近半个世纪（数学领先时间更长）。今天世界通用的科学计量制度（公制）和现代科学教育制度，都是法国大革命的产物。

到了 19 世纪，打破国界的国际科学交流广泛开展，科学思想、科学精神和科学方法深入人心，已进入科学技术全面发展的时期。1803 年，英国乡村教师出身的化学家、物理学家道尔顿（J.Dalton）发展了古希腊关于原子的学说，建立了实验基础上的新原子学说，开创了人类在物质结构认识方面的新纪元。

19 世纪自然科学的最大成就是进化论和电磁学的建立。

由英国博物学家达尔文（C.Darwin）建立起来的进化论，系统地阐述了生物界千万种不同的动植物，包括人类，都是由简单到复杂、由低级到高级进化而来的，并且提出了自然选择学说来解释生物的进化。进化论是达尔文总结了前人在分类学、比较解剖学、地质古生物学和进化思想方面的成就，再加上他自己的环球科学考察，以及对大量动植物变异做的系统研究，经过 20 多年整理综合所取得的成果。它从根本上推翻了长期统治生物学思想的“神创论”，极大地震动了学术界。1859 年《物种起源》一书刚出版，当天就被抢购一空。

19 世纪 70 年代是电力时代的开始，引起了第二次技术革命。这次技术革命不是直接来源于生产，而是来源于科学实验，来源于对电磁现象的研究。

电和磁是两千多年前就已发现了的自然现象，但人们一直认为两者是各不相干的。到了 19 世纪，由于电池的发明（1800 年）和电流磁效应的发现（1819 年），电和磁的研究迅速发展，1831 年，英国工人出身的科学家法拉第发现了电磁感应定律，这是发电机的理论基础，为人类开辟了一种新的能源，叩开了电力时代的大门。

法拉第是丁肇中心目中最敬慕和推崇的伟大科学家。

然而，从法拉第实验到能在生产上应用的发电机，中间还经历了三十五年。为了解释电磁感应现象，法拉第提出“场”的概念，而当时几乎所有的物理学家都认为这是离经叛道的妄想，直到二三十年以后，一个英国青年理论物理学家麦克斯韦接受了法拉第的思想，并用数学语言把它表述出来。

法拉第、麦克斯韦理论，不仅预言了电磁波的存在，而且揭示了光、电、磁现象的本质的统一性。电磁波存在的预言，直到 1888 年才由德国青年物理学家赫兹（H.R.Hertz）用实验来证实。电磁波的发现，预示了无线电通信的可能，为现代人类物质文明开辟了道路。

从电磁学的实验和理论的发展到电力时代的出现表明：科学对生产的发展，不仅能起直接的推动作用，而且能走在生产前面，对生产起指导作用。

19 世纪末、20 世纪初，由于发生物理学的革命，自然科学进入一个新的历史阶段——现代科学。

20 世纪 40 年代以后，由于出现了原子能工业（1942 年）、电子计算机（1946 年）和空间技术（1957 年），开始进入第三次技术革命时期。这次技术革命比前两次在内容方面更为丰富，包括自动控制、遥感、激光（它的理论基础是爱因斯坦 1916 年提出的）等技术和合成材料工业，同时又产生了新型的综合性的基础理论：控制论、信息论和系统论。

20 世纪物理学的一个基本特点是：由爱因斯坦创立的狭义相对论和广义相对论，否定了“古典物理学”奠基者牛顿的绝对空间和绝对时间观念，打破“原子是绝对不可分和永远不变的”古老观念，揭示了空间、时间、物质、运动之间的本质上的统一性。它既是原子内部的微观物理学的基础，又是天体物理学和宇宙学的理论基础，使人类对物质的认识，从宏观世界向原子内部的微观世界不断深入。

随着物理学的迅速发展，新的实验技术和强大的观察工具不断产生，人的“视力”无论向内（微观世界）还是向外（宏观世界）都扩大了上万倍，人的“眼界”，从直径10万光年（1光年将近10万亿千米）的银河系扩展到200亿光年的大尺度的宇宙。在现代技术装备中，最引人注目的有：1932年发明的回旋加速器，1934年制成的电子显微镜，1936年发明的射电望远镜，1957年开始发射的人造卫星和随后的宇宙飞船以及有关的遥感技术，20世纪60年代用作强中子源的实验性反应堆和大型电子同步加速器等一系列成果。这些成果有力地促进了边缘科学和综合性科学的产生，使整个自然科学形成一个有机的整体。

20世纪，科学技术突飞猛进，科学理念进一步发展，人类文明取得了前所未有的成就。相对论、量子力学、基因工程、信息技术等科学技术成就的取得，为人类正确认识大自然和人类社会的进步提供了新的知识和强大的动力，打开了广泛的前景，也预示了21世纪世界科学技术的发展方向。

中国是世界上最大的发展中国家。人均资源不足，发展也很不平衡，面临的挑战更加严峻。现在大家有一个共识：中国将来能够真正富强的话，靠的是科学。

丁肇中认为，政府支持科学是中国的希望所在。他强调：“政府对于科学研究不仅要提供经费，还要体现对科学和科学家的尊重和支持。”

截至2006年，诺贝尔奖已有700多人获奖。在6位华裔获奖者中，只有李政道和杨振宁在获奖时还是中国国籍，且都不在国内工作。因而有人预言，中国要想在10年或者20年内拿诺贝尔奖是没有希望的。

丁肇中不同意这种看法：“这是不对的，这绝对不对。因为诺贝尔的遗嘱里说得很清楚，拿诺贝尔奖是不分国籍的，要奖给世界上最优秀的科学家。”

他认为，中国人民的生活水准越来越高，对外的交流越来越好，研究科学的人越来越多，在21世纪，一定会有土生土长的中国人拿诺贝尔奖。

丁肇中说："中国是科学文化上有光荣历史的国家，几千年来做出了重大贡献。中国人的才能、智慧，不在任何国家的人之下。中国人要对自己的民族、国家充满信心；不要看不起中国人！"

现在中国已成功地建立了现代科学体系，开始参与世界科学先进国家间的竞争，基础研究的一些重要领域（包括高能物理、基因研究等）已达到国际先进水平。展望21世纪，正如丁肇中所说："我相信，在21世纪，随着对科学事业的不断鼓励和支持，中国在未来的年代里，必将会对科学做出许多十分重要的贡献。"

傻子与天才

麻省理工学院是丁肇中教授执教多年的一所世界一流大学。校园里高楼林立，鲜花盛开。丁教授办公的44号楼前矗立着一个大写英文字母"J"，上面写着"1974～1984"。楼上会议兼学术报告厅里悬挂着丁肇中在瑞典皇家科学院接受诺贝尔奖的照片。穿过走廊便是丁教授的办公室。平时他很少在这里，大部分时间和精力都花在欧洲大型加速器中心做实验，再就是到各国和高等院校作学术报告，进行国际学术交流。

他说："科学研究是一种永远的、不竭不尽的知识探索。要从事科学研究，首先要建立科学兴趣，再加上穷追不舍的好奇心。研究自然科学最重要的一条就是研究者对研究对象有兴趣。兴趣是最大的动力。有了兴趣，觉得我非做这件事情不可，认定这是自己一辈子最重要的事，为了做好这件事，其余的东西都可以放在次要的位置。唯有如此，做科学研究才会有所成就。"

丁肇中最喜欢的诗是叶剑英的《攻关》：

攻城不怕坚，
攻书莫畏难。
科学有险阻，
苦战能过关。

丁肇中很强调踏踏实实地做科学实验。在他看来，许多发展中国家的学生都倾向于理论研究而避免实验研究，尽管实验很苦，很枯燥，但“自然科学理论是离不开实验基础的。”

丁肇中是一位非常珍惜时间的人。每天清晨 5 点多钟他就起床，直至深夜才就寝。虽然家在美国，但在美国、德国和瑞士都有他主持的实验工作，几乎每两个星期就要飞越一次大西洋。因而，他把乘坐飞机的时间当作休息时间来利用。

丁肇中对工作一丝不苟，在实验工作上严谨得近乎苛刻。他非常讨厌懒散拖拉的作风，在他身边工作，稍有松懈，就会遭到严肃的批评。

在丁肇中实验小组工作过的科学家记忆犹新：丁肇中在许多实验中，都是亲自动手。实验之前，丁肇中要同他小组的工作人员一起检查设备，从早上七点开始，对 1000 多台电子仪器、3 台电子计算机和几千根电缆，一一进行细致的检查，一直工作到第二天的早上。实验开始后，他们齐心协力，勤奋工作，在同一加速器上做实验的其他小组休息时，丁肇中就带领大家检修仪器，等加速器一开动，就能立即投入实验。结果，在许多科学家的竞争中，丁肇中和他的小组就能拔得头筹，首先发现了胶子存在的实验证据，又一次轰动了整个物理界。

丁肇中像春蚕那样终日耕耘，像园丁那样呕心沥血地为祖国培养出了一批又一批国际一流水平的高能物理学家，从而赢得了全世界中国人的高度赞誉。

1982 年大年初一晚上，丁肇中夫妇应邀来到美国第一大城市——纽约的银宫酒楼，与旅美侨胞一起欢度新春之夜。会上给丁肇中颁发了“最杰出人物”的奖状，以表彰他为中国人争得了最高荣誉。

席间，丁肇中发表了简短的演说。他彬彬有礼地先对颁发这个友好的特别奖表示感谢，然后他说：“这不仅是给我个人的荣誉，也是对科学探索和发现精神的奖励，这种精神鼓舞我努力去认识物质世界，发现大自然的奥妙。”

两周后，即 1982 年 2 月，丁肇中再度来华讲学，他愉快地接受了“中国科学技术大学名誉教授”的聘书，还兴致勃勃地与该校的少年大学生们进行交谈，启发他们的思路，开阔他们的视野。

他很欣赏中国科学技术大学少年班的同学们爱动脑筋的好习惯。他们不仅对所学的知识爱思考，敢于想问题、提问题、探求更深的奥妙，对自己的学习道路、学习方法，也经常总结回顾，找出能学得更好、更快的路子。

丁肇中说：“一个学生，如果只会死啃书本，应付考试，那他所得到知识是极其有限的，很可能只是重复前人所掌握的东西。因此，我认为，比考试更为重要的是，我们应该对某一门课程有比较深刻的了解，不是死背，而是独立思考。在物理、数学、化学、生物等领域里，认真地想一想，每一个自然现象发生的原因，设法解释各种现象之间的内在联系。这样，我们不但能掌握已知的科学成果，而且可能发现新的问题。”

他现身说法，在谈到他做寻找J粒子的实验时风趣地说：

“这个实验比较困难，当时所有的人都认为只有三种夸克，因为三种夸克可以解释所有的现象。所以，这个实验被费米国立实验室和欧洲核子中心拒绝了，所有的加速器都不愿意做这个实验，认为是不可能的。在我做寻找新粒子的实验尚未成功时，人们都说我是傻子，因为成功的可能性极小。但当我找到J粒子的时候，人们又说我是天才——其实，傻子与天才之间只有一步之遥。这就表明，以前说只有三种夸克的观念是错的，有了第四种，那可能就有第五种、第六种，把以往的观念改变了。我们要永远对自己充满信心，做自己认为是正确的事；同时，要对意料之外的现象有充分的准备。总之，要实现你的目标，最重要的是要有好奇心，不断地追求，再加勤奋地工作。”

临别时，丁肇中勉励同学们继续努力，持之以恒，否则，就会像昙花一现。

与西方教育相比，丁肇中认为，我们的现代教育要培养和尊重学生的个性。“要启发诱导学生去独立思考，扩大他们对这个世界的兴趣，帮助他们做他们想做的事，而不是围着分数转。考试能拿第一并不代表一切，因为考试是解决别人解决了的问题，而科学研究是解决别人解决不了的问题。

我所认识的拿诺贝尔奖的科学家，几乎没有在学校考第一名的，考倒数第一的倒有几位。”

当前，世界的科学技术发展日新月异，竞争十分激烈，变化令人眼花缭乱，各种发明创造都处于高速度的新陈代谢之中。据统计，全世界每小时就有近 20 项发明创造，每年发表的科学论文达 2000 万篇以上，世界文献资源的数量正以每 10 年翻一番的速度增长着。人类面临着浩瀚的知识海洋，大量的信息资源，有待于人们开发利用。

新的科学技术发展潮流，对我们提出了严峻的挑战：或者追赶上去，跨越创新，缩小我们同世界先进水平的差距；或者犹豫不前，被潮流甩到后边，进一步扩大同先进国家的差距。毫无疑问，我们只能作前一种选择。

丁肇中提出“要让中国青年一代了解世界最先进的科学是什么”。而在谈到“应以什么样的态度来对待科研工作”时，他主张“科学研究是要做前人未做过的事情，因此要有创新精神，要标新立异。”

什么是创新？它是一种激情，是一种不满足于现状的追求。它需要人们具有推动社会进步的责任感，需要有创造新世界、新生活的巨大激情和内在动力。

然而，人们往往把创新想象得太高深、太神秘、太复杂了。其实，创新甚至伟大的创新往往都是很简单的。

我们的民族需要大批科学家和发明家，以及创造力强的人才，以实现“振兴中华”的伟大使命。在现实生活中，创造力的发展与知识的掌握常常不是同步的。创造力强的人，总是生气勃勃，他们的思维带有独创性，特别是对其致力的目标具有一种狂热。这种狂热表现为对某一专业或某一活动的爱好，达到了入迷的程度。

丁肇中的体会是，科学家常常要面对获得的大量信息，必须经过艰苦的科学分析才能得出结论，科学家是不会轻易给一些自然现象下结论的，这就是科学的精神和科学的态度，这也是为什么在探索未知世界的时候，科学家会比一般人显得更谨慎，持有更多的疑问。

第一次将阿尔法磁谱仪 AMS 送入太空运行 10 天后，带回来了宇宙中正电子数与负电子数相差四倍这一令人不解的实验信息。对此，丁肇中持十分谨慎的态度。他说："这起码是对传统物理学观念的一次冲击，正电子数与负电子数为什么不相等？宇宙中究竟存在什么样的奥秘？这些都有待我们去揭开。"

科学的本质就是创新。整个人类历史，就是一个不断创新，不断进步的过程。没有创新，就没有人类的进步，就没有人类的未来。当代科学技术的发展，更加雄辩地证明了这一点。

丁肇中认为，科学研究工作不会是一帆风顺的，当深入未知的领域时，很难作出预言。错误是成功的一个组成部分。

这使我们想起"失败是成功之母"这句古老的格言，它寓意要善于总结经验，从失败中汲取教训。

在科学探索之路上，多次遭遇失败是不足为怪的。但在科学上，如果害怕失败而抱残守缺，因袭旧说，不敢越雷池一步，那么，科学创新就永远是一句空话。

科学之所以有生命力、创造力，就在于不断开拓创新。一部科学史，就是一部在实践和认识上不断开拓创新的历史。

谁都承认，盛开于科坛中的花朵是璀璨的，但它们大多数是经过百折不挠的努力，终于破土而出的奇葩，因而也就越发鲜艳夺目。

- 东汉时期的张衡，发明了世界上第一架天文仪器——浑天仪，比欧洲早 1700 多年，却被统治者们肆意攻击为"屠龙之技"；
- 30 岁就提出了关于热的本质的新认识的罗蒙诺索夫（М.В.Ломоносов），得到的是俄国科学院一群坚持"燃素说"的权威们的嘲笑和压制；
- 突破了具有两千多年历史的欧几里得几何学所规定的空间概念，最早建立崭新的"非欧几何学"的两个小人物鲍耶和罗巴切夫斯基，分别在匈牙利和俄国遭到了反对和压制，连论文也难于发表；
- 世人皆知的门捷列夫，在建立元素周期表的顽强探索中，他的关于"亚铝""类硅"的天才预见，却被当时的权威们攻击为"痴人说梦"

和“研究鬼怪”；

- 法国青年数学家伽罗华（Évariste Galois）关于群论的论文最早问世的时候，审稿的权威们根本看不懂，三次递上去皆不予理睬。对此，伽罗华气愤地说：“这班人简直落后了100年！”
- 当发明电话的贝尔，天才地提出要用电流强度的变化来传输语言的设想时，电学界的人士却讥讽地让他“多读两本《电学入门》，以便取消这种狂想”。

以上这类事实说明，科学就其本质而言，总是带有革新的、反传统的性质。从这个意义上讲，发明创造是一场无形的拼搏。有的人说是傻子干的事情，有的人则说是天才的杰作。

一个人如果想在一生中有所成就，有所创造，在涉猎范围上，就必须有所为，有所不为；其研究目标也必须有主攻方向。黑格尔说：“一个志在大有成就的人，他必须如歌德所说，知道限制自己。反之，那些什么事都想做的人，其实什么事都不能做，而终归失败。”目标专一，是治学的捷径，也是立志成才者的最佳选择。

过去，人们一听到竞争，就会联想起“名利”二字。但是，在丁教授那里，这两者并没有必然的联系。他说：“搞自然科学的要竞争，却不能为名为利，要有探索物质世界奥秘的那股劲，也就是说要有事业心。绝大多数科学发现，都是一步步做出来的，到了某种水准，每个人做出贡献的差别很细微。到底哪个人有重大发现，因素很多，诸如天资、努力，或者还有机遇。我建议搞物理、化学的青年，看一看法拉第、达尔文的传记，包括我知道的其他著名的科学家，没有一个人不是把全部精力花在科学上的，真是不计成败，全力以赴。要为名为利肯定是不行的。我一向对中国的历史非常感兴趣，可是不要说研究，连看几本历史书的时间都没有。大部分时间都在实验室里，一心想怎样形成自己的物理观念，怎样选择仪器，搞出成果，做得比别人更快、更精确。”

就拿著名科学家达尔文来说，他上过大学，但他却是靠自学走上科学道路的。他的课堂在崇山峻岭、茫茫草原和热带雨林中，他曾这样说过：“我所学到的任何有价值的东西都是从自学中得来的。”

人们熟知的高士其，他 23 岁就患了脑炎，全身瘫痪，甚至连眨一下眼也得靠别人的帮助，写一个十来划的字，也要半分钟。就是在这样的“条件”下，他写下了 20 多本科学著作，成为海内外著名的科普作家。因此，对任何人来说，能否成才并不仅仅取决于有没有好的外因条件，关键要有自强不息、刻苦学习的科学精神和良好的方法。

科学精神最重要的内涵，是独立思考和实事求是。物理学大师爱因斯坦曾说过：“学习知识要善于思考、思考、再思考，我就是靠这个方法成为科学家的。”因为思考是人类特有的高级思维活动。讲究方法，可以提高学习和工作的效率，使我们在攀登科学高峰时少走一些弯路。反之，如果方法不当，即使再能拼，路子走偏，那还是事倍功半。

勤于思索的丁肇中

丁肇中的成功，还得力于他的勤奋。

勤勉是在一切活动中取得成就的一个最根本的因素。对于勤勉的人，任何职业的不同都不足以限制其才能的发展。对于那些坚强的、百折不回的人们，即使是恶劣的条件和身处逆境，也都不足以妨碍他们取得成就。

- 19 世纪对电学的发展有伟大贡献的法拉第，曾经长时期是一个装订工人；
- 爱因斯坦的光电学说和相对论，是他在苏黎世专利局充当小职员时的发现；
- 高尔基只读过五个月的小学，10 岁开始做学徒、码头工人和轮船小工，可是他把社会当作大学，敏于观察，勤于学习，24 岁便成为知名的作家。

……

20 世纪以来，自然科学的发展，已在更加广阔的范围和深刻的程度上揭示了自然界的奥秘。科学家们独立地思考探索自然界奥秘的科学精神，是造福于人类的最宝贵的财富。

科学的发展永远不会停步，需要一代一代的新人把它推向前进。科学如同长河，纳细流，淘沙砾，波澜激荡，曲折回转，以越来越壮阔的势头奔腾向前。

丁肇中从事的高能物理实验是门大科学，规模越来越大。数十年来，丁肇中从未停止过他的科学实验。如今，他正以一个华裔科学家的非凡才能，主持世界规模最大的科学实验计划，带领来自全球各国的数百名物理学家，不断地取得重大进展和突破。丁肇中矢志奋进的科学精神，不仅闪现了中华民族的智慧之光，也是鼓舞广大年青一代奋发前进的动力。

“格物”与“致知”

“格物致知”一说，源于“四书”中的《大学》，后备受程朱理学重视。明代中叶的思想家、教育家王阳明，针对当时教育与知行分离的弊病，提出了新的“格物致知”教育思想，强调“知行合一”。“致”即行，也就是要发现、得到、发挥的意思。所谓“知行合一”，王阳明的解释是：“行之明觉精察处，便是知。知之真切笃实处，便是行。”若行而不能明觉精察，便是冥行，便是学而不思则罔，所以必须说个知。知而不能真切笃实，便是妄想，便是思而不学则殆，所以必须说个行。原来只是一个功夫。故“未有知而不行；知而不行，只是未知。”所以说：“知是行的主意，行是知的功夫，知是行之始，行是知之成。”

王阳明所引的“学而不思则罔，思而不学则殆”等语，都是我国古代大思想家孔子曾经讲过的名言。

王阳明的学说，实际上是明代中期资本主义萌芽时期思想学术界反理学和反对精神束缚思潮的产物。它一反传统，自成一家，广泛流传到日本、朝鲜、越南等东亚各国，成为当时促进社会进步的精神力量。

物理学大师爱因斯坦也曾说过：“学习知识要善于思考、思考、再思考，我就是靠这个方法成为科学家的。”思考是人类特有的高级思维活动。会思考的人，能够把书本知识融会贯通，书越读越活。

也许，有人会说，平时多用时间看书，刻苦学习，业精于勤，照样成功。但勤奋刻苦，讲的是学习态度，而不是学习方法。如果认为不讲方法，一味苦读，就能成功，未免把学习想得过于简单了。凡事应该讲求效益。好的学习方法可以提高读书的效率，使我们在攀登“书山”时少走一些弯路。反之，如学习方法不当，即使再能拼，路子走偏，那还是事倍功半。

丁肇中的启蒙老师、他的父亲丁观海教授一向崇尚王阳明提出的“童子自有童子格物致知”的教育思想，即应当根据每个儿童的个性和学习能力因材施教，而不应用一个模子去束缚学生。

抗战胜利后，丁肇中随父母来到山东。在这里，父亲丁观海把他送到一所德国修女办的教会小学去上学。由于战乱，丁肇中从小就没有接受过正规的学校教育，突然来到教规严格的教会学校，他很不习惯，学习遇到很大困难。面对这种情况，父亲没有打骂他，也没有训斥他，更没有一味枯燥地说教，而是想方设法激励他学习的兴趣。父亲跟他一起讨论在学校学习和不在学校学习的优劣，父亲的话使他懂得，要想成为对社会有用的人，必须接受正规的学校教育。

课余时间，丁观海不像现在的一些家长那样，给孩子安排各种各样的作业，而是带孩子去看电影和京剧，使他得到充分的放松。在父亲的正确引导下，学习对于丁肇中来说，不再是一种负担，他开始对学习有了浓厚的兴趣和自觉的追求。后来，即使没有作业和功课，他也勤奋地学习，不肯浪费一点时间。这时，他已经立志要做一名科学家了。

本来，丁观海是希望丁肇中大学毕业后能像当时一些成熟优秀的中国学生那样选择工程或理论物理方面的工作，可是丁肇中却选择了国人一般不愿涉足的领域——实验物理学作为自己终生的事业。对此，丁观海深感失望和惊讶。但是，丁观海并没有依仗他是父亲的权威去责备儿子、干涉儿子的选择。相反，他还写信鼓励儿子，并在工作中给予积极的支持。丁观海认为，儿子之所以作出这样的选择，一定有他自己的想法和理由，更重要的是，儿子选择的是自己热爱和向往的事业，这更有利于儿子发挥自己的创造才能，更有助于儿子的成功。

丁肇中的父亲真不愧为一位伟大的父亲。在他的良好教育下，丁肇中的兴趣爱好得到了最大程度的发挥。

丁肇中的父亲丁观海老教授因患胃癌于1991年在台湾离开了人世。丁肇中为了忆念他父亲，特意撰写了一篇题为《怀念》的文章，荣获《瞭望》周刊“情系中华”征文特别荣誉奖。同年10月18日，他专程来京出席在人民大会堂隆重举行的颁奖大会。会上，由时任全国人大常委会副委员长严济慈向丁肇中教授授奖。

严济慈是著名的物理学家和教育家，是我国科学界的老寿星。中国现代的科学史中，有许多精彩的篇章都同他的名字联系在一起。26岁的严济慈，就破译了多年未解的压电效应的密码。他有许多科学成果，迄今仍为各国科学家应用。20世纪30年代，他领导的北平研究院物理研究所和镭学研究所的科研工作，一直走在世界前列；20世纪40年代，他赴美讲学，后又担任中国物理学会理事长、中国科学院应用物理研究所所长；从20世纪50年代起，先后担任中国科学院副院长、中国科学技术大学校长兼研究生院院长、中国科学技术协会副主席。

颁奖后，丁肇中神采奕奕走上讲台，发表了题为《应有真正的格物致知精神》的演讲。

首先，他说：

“我非常荣幸地接受《瞭望》周刊授予我的‘情系中华’征文特别荣誉奖。我父亲是受中国传统教育长大的，我受的教育一部分是传统教育，一部分是西方教育。缅怀我的父亲和他对我的教诲，我写了《怀念》这篇文章。多年来，我在学校里接触到不少中国学生，因此，我想借这个机会，向大家谈谈学习自然科学的中国学生应该怎样了解自然科学。”

在讲话中，他向中国青年学生提出殷切希望：学习自然科学一定要着重实验。他说，中国自古就讲“格物致知”，就是强调从探察物体而得到知识。他的讲话受到与会者的热烈欢迎。

下面是讲话的摘要：

在中国传统教育里，最重要的经典之一就是《四书》(约公元前 400 年),《四书》之一的《大学》里这样说，一个人教育的出发点是“格物”和“致知”。就是说，从探察物体而得到知识。用这个名词来描写现代学术发展是再适当也没有了。现代学术的基础就是实地的探察，就是我们现在所谓的实验。

但是传统的中国教育并不重视真正的格物和致知。这可能是因为传统教育的目的并不是寻求新的知识，而是适应一个固定的社会制度。《大学》本身就说，格物致知的目的，是使人能达到诚意、正心、修身、齐家、治国的田地，从而追求儒家的最高理想——平天下。因为这样，格物致知真正的意义被埋没了。

我是研究科学的人，所以先让我谈谈实验精神在科学上的重要性。

科学发展的历史告诉我们，新的知识只能通过实地实验而得到，不是由自我检讨，或哲理的清谈就可以求到的。

实验的过程不是消极的观察，而是积极的、有计划的探索。比如，我们要知道竹子的性质，就要特别栽种竹树，以研究它生长的过程，要把叶子切下来拿到显微镜下去观察，绝不是袖手旁观就可以得到知识的。

实验的过程不是毫无选择的测量，它需要有小心具体的计划。特别重要的，是要有一个适当的目标，以作为整个探索过程的向导。至于这个目标怎样选定，就要靠实验者的判断力和灵感。一个成功的实验需要的是有眼光、勇气和毅力。

由此我们可以了解，为什么基本知识上的突破是不常有的事情。我们也可以了解，为什么在历史上学术的进展只靠很少数的人关键性的发现。

中国学生大都偏向于理论而轻视实验，偏向抽象的思维而不愿动手，中国学生往往念功课成绩很好，考试都得近一百分，但是面临着需要出主意的研究工作时，就常常不知所措了。

在这方面，我有个人的经验为证。我是受传统教育长大的。到美国进大学学物理的时候，起先以为只要很“用功”，什么都遵照教师的指导，就可以一帆风顺了，但是事实并非如此。一开始做研究便马上发现不能光靠教师，需要自己做主张、出主意。当时因为事先没有准备，不知吃了多少苦，最使我彷徨恐慌的，是当时的唯一办法，以埋头读书应付一切——对于实际的需要毫无帮助。

我觉得真正的格物致知的精神，不但是在研究学术中不可缺少，而且在应付今天的世界环境也不可少。在今天一般的教育里，我们需要培养实验的精神。就是说，不管研究科学，研究人文学，或者在个人行动上，我们都要保留一个怀疑求真的态度，要靠实践来发现事物的真相。现在世界和社会的环境变化得很快，世界上不同文化的交流也越来越密切。我们不能盲目地接受过去认为的真理，也不能等待“学术权威”的指示。我们要自己有判断力。在环境激变的今天，我们应该重新体会到几千年前经书里说的格物致知的真正意义。这意义有两方面：第一，寻求真理的唯一途径是对事物客观的探索；第二，探索的过程不是消极的袖手旁观，而是有想象力、有计划的探索。希望我们这一代对于格物和致知有新的认识和实用，使得实验精神真正地变成中国文化的一部分。

丁肇中的演讲，给人以启迪：

科学就其本质而言，总是带有革新的、反传统的性质。科学上的一切发明、发现，往往是对传统的挑战，即对旧的知识领域和某种常规体系的突破。这里，最重要的，是攀登者坚持走自己的路的勇气、自信和脚踏实地的奋进精神。

丁肇中说得好，“在科学的征途上，不论反对意见是多么不可一世，我始终坚持对我的科学观点的探求。”

寻根之旅

丁肇中带领他的实验组不分日夜地忙碌在世界各地的著名实验室。他的家人也因此长年过着不安定而被冷落的生活。这是丁肇中无可奈何的遗憾。第一任妻子凯伊·露易丝·库妮是一个事业心很强的女人，但是为了照顾家庭，曾有六七年时间不能参加工作。在无法因为丈夫的事业而长期忍受分居生活的时候，库妮向丁肇中提出分手。丁肇中历来非常重感情，但他理解库妮的苦衷。

之后，一位名叫苏珊·马克斯的美国姑娘来到丁肇中的实验组，爱神再次来到他身旁。1985 年 4 月，丁肇中和苏珊在美国波士顿举行了婚礼。不久，他们的儿子丁明童出生了。身为麻省理工学院教授、研究心理学的苏珊博士为了帮助丁肇中的事业，毅然作出牺牲，放弃了自己的专业，她负责丁肇中的实验项目行政方面的重要工作，从事与政府部门来往和方方面面的联系，每年都要写一本厚厚的材料向政府汇报，图、文字、预算，都由她亲自来做。丁肇中坦言这些工作他自己是做不了的。

丁肇中对事业的爱占用了他对家人的爱，他很少有时间与家人团聚，但是到了每年的 7 月、8 月、9 月，孩子们都放假了，丁肇中便能享受到难得的全家团聚。

1985 年的夏天，丁肇中选择了这美好的日子偕同夫人来到了他阔别 47 年的日照。

丁肇中在日照参观访问

山东日照是丁肇中的祖籍。今日的日照，已建设成为一个美丽的海滨城市，依山傍海，宛如山东省东南沿海的一颗璀璨明珠，令人憧憬。

日照市政府为丁肇中教授的莅临举行了盛大的欢迎宴会。席间，丁肇中品尝着家乡风味的丰盛菜肴，赞不绝口。他还愉快地接受了市政府聘请他担任日照海洋渔业学校名誉校长的职务。

在访问中，首先映入丁肇中眼帘的是宏伟壮观的现代化的石臼港。它是中国目前最大的煤炭深水码头，拥有两个 10 万吨级的泊位，年吞吐能力达 1580 万吨以上，同国内和世界各大港口形成海上运输网络。新辟的衮（州）—石（臼）铁路，越过 1800 米海面，像一条巨龙伸向石臼港。

石臼港

日照市有悠久的历史文化、优美的自然风光、独特的民俗风情和雄厚的后发优势。它东临黄海，北与青岛接壤，南与江苏毗邻，境内群山连绵，河流纵横，水库、塘坝星罗棋布，山间林木蓊郁，河畔翠竹葱茏，气候湿润温和，光照充足，山海辉映，风光绮丽，冬无严寒，夏无酷暑，四季宜人。全市现有各类学校700余所，在校师生达20多万人。文化、艺术、旅游事业繁荣兴旺，群芳争艳。

丁肇中还专程来到市郊涛雒镇他的祖居——“种德堂”，瞻仰了他祖父母的故居，以及他父母亲居住过的房间。在涛雒镇，丁肇中还兴致勃勃地参观了镇上的中小学校和工厂等地。这些发生在丁氏故乡的人间奇迹，使丁肇中思念万千，久久舍不得离去。

丁肇中在祖居内一棵大树下留影

在阔别17年后的2002年6月，丁肇中又第二次回故乡——山东日照参观访问。他在市委书记、市长的陪同下，参观了发电厂、港口、学校，愉快地接受了日照职业技术学院请他担任名誉院长的聘书。日照职业技术学院是1998年4月经教育部批准建立的一所高等专科学校，是山东省第一所职业技术学院。家乡发生了巨大变化，与第一次（返乡）相比“完全就是两个城市”，令丁肇中激动不已。

丁肇中在日照职业技术学院
授予名誉院长的仪式上

丁肇中高兴地接受日照职业技术学院赠送的金钥匙

丁肇中和乡亲们在一起

在海滨的沙滩上，丁肇中饱含浓浓的乡情说：“日照是我的故乡，我发现日照的沙滩、水，和夏威夷的非常接近。”当数名身着制服承担安全保卫任务的公安民警站在他两边与他亲切合影时，丁肇中抚摸下眼镜对摄影师说：“请不要把我照得太严肃了，不然的话有人以为我是被他们抓住的。”逗得在场的人都大笑不止。

最后一天是丁肇中祭谒祖墓的日子。他来到丁家官庄东侧祖父丁履巽先生的墓前，敬献了花圈并行三鞠躬礼。墓碑上用中、英两种文字铭刻着下列碑文：

丁肇中祭谒祖父墓

深切怀念我的祖父

一位通过教育鼓励家人为世界做出贡献的人。

丁肇中

2002 年 6 月 15 日

三年后的 2005 年 6 月，丁肇中第三次回故里。这次，他偕夫人苏珊和 19 岁的儿子克里斯托弗·丁一起同行，目的是"让他们看看，感受家乡的历史和文化。"

丁肇中的两个女儿都在大学教书，大女儿在美国西雅图一所大学讲授生物学，二女儿在美国南部一所大学研究考古，儿子在他父亲的母校密歇根大学念二年级。他们的中文名字都是祖父丁观海生前所取，大孙女叫丁明美，二孙女叫丁明隽，孙子叫丁明童。

丁肇中的"寻根之旅"是在他参加山东大学举办的 AMS 项目学术座谈会，以及为该校师生作了学术演讲之后进行的。

当他们来到涛雒镇丁肇中祖居时，整个"种德堂"大院已整修一新。院内还建有丁肇中科技展馆，正等待丁肇中前来剪彩揭牌。院内外聚集有上千名乡亲和中小学生，整个镇上就像节日般的热闹。

鲜花欢迎归来的游子

种德堂大门

在院子里，乡亲们围住丁肇中，请他题字，于是他用英语口述，让妻子用英文写下了：“树高千尺，叶落归根”。下面儿子又写上一句“从小我就想到父亲的家乡来看看”，接着妻子苏珊再加上一句：“今天对丁家是个特殊的日子。”在妻子、儿子签名后，丁肇中用中文也签下了自己的名字。

丁肇中及其家人在为故乡留言

丁肇中一行在瞻仰祖居后，随即来到祖父丁履巽墓前敬献花圈，行三鞠躬礼后，丁肇中带着夫人、儿子默默地围着坟墓绕行一圈。丁肇中深情地用英语对他儿子说："Your root is here."（你的根在这儿）。这是他的真情流露。

当天下午，丁肇中一行来到日照大学城，出席曲阜师范大学为聘请丁肇中为该校名誉校长而举行的聘任仪式，丁肇中在仪式上作了简短的答谢讲话，他说："担任非常有名的曲阜师范大学的名誉校长，我个人感到非常荣幸，我很感谢。"

"我了解到，师范大学的毕业生绝大多数是要做中学老师的，一个中学老师对一个人的影响是很大的。很多人的爱好和兴趣就是在这时候培养的。我希望同学们好好接受师大的培训。"

曲阜师范大学是山东省的一所重点大学，设于儒家学派创始人孔子的故里，迄今已有 50 多年历史。从 2001 年开始，在日照建设了新校区。

在仪式上，丁肇中在获赠由曲阜师范大学编纂的《20 世纪儒学研究大系》后，他风趣地说："对儒学我是知道一些的，我在中学的时候，比较喜欢两门功课，一门是历史，一门是物理。最后我作了一个'错误'的决定，选择了物理。"

第二天，丁肇中启程前往其母亲王隽英的家乡山东烟台海阳市盘石店镇继续他此次寻根之旅。这是丁肇中第二次回“娘家”。他母亲王隽英是独生女，现在丁肇中在母亲这边最亲的亲人就是王隽英的堂兄妹和他们的后代了。丁肇中看到89岁高龄的堂姨还健在，非常高兴。他的堂表兄王仁忠见到个子高大的丁明童，忙问：“孩子几岁了？”丁肇中回答：“十九岁了。”王仁忠紧接着说：“该说媳妇了吧。”逗得满屋子人哄堂大笑。

20日上午，丁肇中在山东大学威海分校作题为“我所经历的实验物理”的演讲后，登上了刘公岛，参观甲午战争博物馆。

在甲午海战的演示馆里，丁肇中观看了模拟海战演示。现场模拟了一百多年前甲午海战的惨烈场面，当丁肇中看到当年北洋水师在日本舰队的狂轰滥炸下全军覆没时，他的表情严肃，默默盯着大屏幕上倒在血泊中的将士没有说话。当记者问他有何感想时，丁肇中说，最令他困惑的是当年那么强大的北洋水师，怎么会在一夜间灰飞烟灭了呢？

是的，对于中国人来说，百年前的那场战争简直是一场噩梦。

人们不禁要问：当时的中国为什么败得那么惨？我们应当从中汲取何种历史教训？

甲午战争惨败使中华民族蒙受奇耻大辱，也强烈刺激了中华民族新的觉醒。甲午战争失败的核心原因是清政府的腐败。生活在和平年代的炎黄子孙，仍须居安思危，牢记“落后就要挨打”的历史教训，继承和弘扬先辈们那种魂系中华的爱国精神，矢志图强。只有跻身于世界强国之林，中华民族才能避免重蹈挨打的覆辙。

甲午战争的历史是无数英烈的鲜血和生命书写而成的，直至今天，仍是一部进行爱国主义教育的好教材。

20日下午，丁肇中携妻儿抵达青岛，开始他在山东寻根之旅的最后一站行程。

丁肇中的父亲丁观海曾两度在青岛原山东大学（现中国海洋大学）执教，他本人也曾在青岛上过一年多小学，因而丁肇中对青岛有很深的眷恋之情。

丁肇中教授前往他父亲母校所在地——中国海洋大学（原山东大学）

发表演讲，同时接受中国海洋大学授予的客座教授称号后，终于为此次山东寻根之旅画上了圆满的句号。

真知灼见

一个在崎岖小道上攀登的人，他的头脑里只有一个思想："往上！往上！"眼光死死盯着高峰——他的目的地。一旦他达到顶峰又要向人生的更高峰攀登时，他少许休息一下，往下回顾自己经过的险恶路径，也许会发出种种感慨。

近代科学的昌明发达，以至不同的学科，不同的时代，一直到不同的人，都可以得出各种不同的经验，形成自己的一套科学方法论。所以，丁肇中讲："要成为一个科学家并没有绝对的秘密方程式。"

丁肇中在讲学的盛况

本来，人类对物质结构的认识，总是不断发展的，从物体、分子直到电子……J 粒子的发现，正好表明人们认识物质结构已进入了又一新的层次。很显然，这种认识的深化，再次证明了辩证唯物主义关于物质结构层次无穷的观点的正确性。J 粒子的发现表明人们以前所了解的关于物质结构的禁区在消失，是人们关于物质结构和属性绝对不变的旧观念在消失。

现代粒子物理学的成果，正在逐渐揭示出基本粒子结构的奥秘，并日益使物理学的发展建立在充分可靠的自然科学研究基础之上。丁肇中自己常常阐述的一些观点，恰恰构成了丁肇中在许多方面的真知灼见。

实验的重要性

自然科学，一般来说是实验在前，理论在后。

物理、化学、生物、天文等大多数自然科学，除了数学以外，都是实验科学。所有的自然科学，最主要的目的是解释自然现象，所以理论是次要的，实验是主要的。一般的中国同学认为理论比实验重要，这种观点是错误的。任何理论，如果不能解释自然现象的话，这理论就是不对的。多少年来，世界上有很多理论解释自然现象，有些慢慢就站不住脚了。比如人们曾经认为地球是不动的，现在早已被推翻了。在原子、原子核领域，50 年来，也有很多很多理论，经过一步一步改进，或者，旧的理论被推翻了，新的理论进来了，都是因为旧的理论和实验不符合。

我们不能凭着自己的好恶随意大胆假设，必须先有了实验证明的事实，才能基于它们建立理论假设，然后再接受实验的检验。在物理学发展史上，除一两例外，所有大的进步全由实验科学家造成。

自然科学是实验的科学，再好的理论，即使是先通过假设和逻辑得来的，也需要实验来证明；实验可以推翻理论，而理论却是无法推翻实验的。科学史表明：科学的增长是先有理论，人们通过实验证实或证伪，或是找出破绽，再得出新的理论，再经过实验求证，从而使这种理论不断完善，不断向真理靠拢。1687 年，牛顿发现了牛顿三大定律。过了 200 多年以后，到 1905 年，爱因斯坦发现，牛顿力学遇到速度很高的时候需要改进。到了 20 世纪 20 年代以后，海森伯（W.K.Heisenberg）、狄拉克等人又发现当物体很小的时候，相对论也需要改进。科学研究的对象是随着时间变化的，不断进行假设，不断进行实验论证，不断检验和打破旧的观念，不断得出新的智慧成果。

中国学生大都偏向于理论而轻视实验，偏向抽象的思维而不愿动手。中国学生往往念功课成绩很好，考试都得近一百分，但是面临着需要出主意的研究工作时，就常常不知所措了。

实验的过程，不是消极的观察，而是积极的、有计划的探索。

实验的过程，不是毫无选择的测量，它需要有小心具体的计划。特别重要的，是要有一个适当的目标，以作为整个探索过程的向导。至于这目标怎样选定，就要靠实验者的判断力和灵感。一个成功的实验，需要有眼光、勇气和毅力。

最好不要重复别人已做过的事，要根据自己的判断坚持实验，总结经验。

怎样做一个实验物理学家

世上有两种实验工作者，一种听理论家的话，理论家综合许多实验结果及旧学说，推陈出新而有了新的猜想，由实验家去求证。另一种却凭自己的判断去选择实验。我一向争取去做自己认为重要的实验，我以为一个研究工作者应该能直觉地知道各种研究问题的相对重要性。

一个实验者可以综合种种科学资料，不经理论家详细的计算，而作某一种猜测，这种能力当然不是与生俱来的，而是在累积经验中培养出来的。

我常常和理论家们讨论切磋，我认为这样的讨论比埋头读上 1000 篇论文有用得多。

在物理学界你一旦犯上一两次错误，往后便没有人会再相信你的话了。和我在一起工作的人从未发表过任何错误的结论，所以我们说出来的话人家都信服。

作为一个科学家，最重要的是不断探寻在教科书之外的事，对该学科有更深入一层的理解，有能力去独立地思考各种物理现象的本质，面对占压倒优势的反对意见，毫不胆怯地迎接挑战。

在绝大多数情况下，我做实验是基于我对事物的理解，而不是基于理论上的争论。

总结我作为一个物理学家的经验，我认为以下四点是相当重要的。

第一，我总是选择我对之感兴趣的课题，并且力图去彻底地理解它。

第二，不论反对意见是多么不可一世，我始终坚持对我的科学观点的探求。

第三，我不断地对我自己的实验结果和能力表示怀疑，为此，我总是反复检查自己的工作，这样，我们到现在为止，实验结果还没有出过错误。

第四，我常常意识到我的能力是相当有限的，只有刻苦地工作，我才有可能在某个特定的领域中取得优异的成绩和做出贡献。

搞实验的人，必须了解自己从事的那门科学的理论，否则，就找不出矛盾，永远跟在别人后面走。轻视实验，只偏重理论，也不会有什么重大突破。只有把动脑、动手结合起来，才能使自己新的假想通过实验的方法得到解释，从而在科学竞争中获胜。

自然科学的进展是多数服从少数，所以一个科学家能够有成绩，一定有很多人反对。我所做的实验，每一个实验都有阻力，不单是美国人反对，全世界的人都反对。不能因为别人反对就不做。要明白，为什么人们反对呢？因为人的观念是由以前的知识来的。科学的进展呢，是要把以前的知识推翻，才能前进。所以要做新的东西，一定会有挫折。

如何选择志愿

科学研究不是为了出名，为了出名而去搞科学研究是危险的。

在获得了物理学博士学位以后，许多学校和科学研究部门向我提供了各种职位。一些职位附有优厚的薪金，另一些职位具有比较重要的地位。而我选择了一个可以使我进一步从事研究的工作，那就是在瑞士日内瓦的欧洲核子研究中心，同其他职位相比，它只有三分之一的薪金并且任职期只有一年。但我还是选择了这个职位，因为我渴望能够和欧洲核子研究中心的科科尼教授一起工作。他是一位有非凡能力的物理学家，在选择物理学研究课题方面具有特别敏锐的洞察力。他能够以一种清晰和简明的方式阐述复杂的问题。一年以后，我到哥伦比亚大学物理系担任讲师。当时，哥伦比亚大学是从事物理学研究的最好的学校。这所大学有相当多知名的和有才华的物理学家以及荣获诺贝尔奖的学者，他们都对物理有极大的兴趣和独特的见解。在欧洲核子研究中心的一年和哥伦比亚大学的两年，对我后来的工作有极大的影响。

学自然科学，应该以兴趣为主，不能以求名求利为主。绝大多数自然科学家，花上一辈子时间，成就是有限的。很少很少有人，可以说极少数人，能够做出重大发现。当然希望每个人都有重大发现，但实际上成就突出的总是极少数。自然科学的发展，通常是很多人做贡献，而做出最重要贡献者总是极少数。假如你参加这个工作，一心求名求利，那以后会痛苦的。应该从兴趣出发，这是我最感兴趣的事情，我愿意花一辈子时间在这方面钻研工作，虽然可能只有一点点贡献，我也感到满足，感到幸福。抱着这种精神才好，才可能创造出最好的成果。

物理研究工作并不保证一定会有好的成果，更不用说眼前的报酬了。始而好高骛远者，卒之所成甚少。假如能踏实一点，从事一些较实用一点的研究工作，情况可能比较好些。

只要你肯干，肯自强，一个普通人也可以有伟大的成就。

我一生所学的可以归纳为：选择自己感兴趣的一个学科，透彻地理解它，摒弃一般流行见解，坚持自己的科学观点，对自己的成就要有所怀疑，并十分仔细地去验证自己的工作，尽自己的能力为自己的科学领域和社会做出贡献。

治学方法

要深刻了解自然现象。

我认为一个中学生如果对自然科学有兴趣，他就应该彻底了解，书本上、课题上所说的东西和课外自然现象有什么联系，而不要完全背书，死记公式。完全背书、死记公式是没有用的。一般中国学生在美国大学里，考试成绩都很好，可是出了校门去做研究题目，并不是特别超越于其他国家的学生。我想这个原因就是中国人喜欢背，喜欢死记。做研究工作的时候，背和死记就没有用了。

有些教授喜欢把学生留上七八年，我认为这样不很好，我自己最多让学生两年就毕业。

能从任何一个人那里学到的东西都很有限，两年时间已足够了，况且学无止境，学生毕业后难道就不需要继续学习了吗？

我对所有学生，有一条共同要求，就是任何时候都不要死读书，不要被分数牵着鼻子走，而要善于独立思考，勤于自己动手，使自己具备竞争的能力。

竞争就是尽最大的努力，用最快的速度和最好的质量超过别人。有人怕在竞争中被淘汰，其实，越怕竞争越要被淘汰，因为你不竞争人家在竞争嘛！竞争不是鬼鬼祟祟，钩心斗角，而是你激励自己比别人好，别人也可以激励自己比你好。只有竞争，大家才能努力向上，既突出了先进，又使得落后的坐不住，奋起直追。我们科研工作者之间的竞争是很厉害的，而我们又都很好地保持着友谊，及时地交换资料。

学习要竞争，搞科学要竞争，竞争出人才，竞争出成果。

我很欣赏那些无论有多少人反对，都敢站出来说明自己观点的人，这要有很强的独立思考能力。想超过别人，先要自己有长进。我搞科研工作，常常是考虑了一遍又一遍，觉得都想好了，再想一想，又有新进展。有一篇科学论文，我先后改写了 40 多遍。换句话说，使今天的我超过昨天的我，每月每年都有长进。

科学研究是要做前人未做过的事情，因此，要有创新精神，要标新立异。

要重视基础研究

基础研究是新技术的工业发展的原动力。

技术的发展是生根于基础研究之中的。

像一个金字塔一样，基础研究从人类的大小出发，一方面去探索大尺度的目标，包括行星、星球、银河系等；另一方面，去探索微观世界，发现物质更小的构成单元，即原子、原子核、质子和中子、夸克等。

它扩大金字塔的基础，同时为新技术提供原理。

经典物理带来了蒸汽机、照相机、电子工程、收音机、电视、飞机等。

原子物理和量子物理引发了新材料、半导体和超导体及其应用：晶体管、霓虹灯、激光、计算机等。

原子核物理产生了同位素技术在医学方面的应用和核能的应用。

一个国家在基础科学方面的投资在国民经济总产值中所占的比例，是一个国家致力于这方面努力的一个标志。

如果没有对基础研究和教育方面的投资，发展经济的实用主义途径是不可能持久的。

自然科学研究是一切生产技术的来源。100 年前 X 光刚刚发现的时候，一位很著名的科学家就宣称这项发现没有什么现实的功用，不但没有用，还是伪造的。他没有想到后来 X 光能为人类健康做出巨大的贡献。20 世纪 30 年代，电视机刚刚发明的时候，同样有一位科学家认为没有商业上的价值；还有原子能，刚被人们发现时，一些人说，原子能将来永远不会对人类产生价值。现在呢？其作用大得不可估量。一项科学成果，从发现到应用，总是要经过一段时间，这段时间有时可能长达 20～30 年，甚至上百年。但一旦投入生产领域，便会对经济起到很大的促进作用。因此，我们应当用长远的眼光来看待科学研究。

继往开来

20 世纪是人类科学史上最辉煌的世纪。在一个个新发现、新发明的背后，我们看到一个个光彩照人的科学家和发明家的身影。是他们顽强的追求，推动了人类社会的进步与发展。

2000 年 10 月 11 日，在北京人民大会堂举行的 2000 年国际工程科技大会的开幕式上，六位科学家和工程科技专家发表了主题演讲。

其中丁肇中教授在题为《探求自然界的基本构造》的报告中，就基础科学研究与工程技术发展的关系阐述了他的观点，强调基础研究是新技术和工业发展的原动力，技术的发展是生根于基础研究之中的。

丁肇中首先回顾了在世界科学和技术的发展史中中国的重要贡献。他说，在科学上，光与物质相互作用的研究是最早的物理课题。公元前 4 世纪周朝墨子的著作中就有这方面的详细记载。在天文学方面，3300 年前，中国做出了第一个有记载的超新星观测。这些早期的科学成就，为物理学研究打下了基础。他指出，今天，我们正在享受着由基础研究带来的前所未有的技术成果，如通信、计算机、交通、医疗保健等诸多领域，大大提高和改善了我们的生活质量。可是，常常被人们忘记的是，为这些成就奠

丁肇中在作主题演讲

定基础的科学家是出于对自然界和宇宙的好奇心而去不停地探索，而不是出于经济利益。

他在叙述1998年6月2日AMS-01在航天飞机上做的第一次飞行后说，AMS-01所用的永磁铁是在中国建造的，AMS-02将采用超导磁铁，从而大大提高在太空中长时间采集更多数据的能力。在太空中使用超导磁铁不久前还被认为是不可能的，这是科学技术飞速发展的又一次尝试。

丁肇中介绍说，从发现一个新现象到市场化需要20～40年，对政治家和实业家来说，这样一段时间往往太长了。但是，研究工作不会是一帆风顺的，当深入未知领域时，很难作出预言。错误是成功的一个组成部分。因此，基础研究需要充分的自由空间和长期的展望。

科学史上无数事实表明：成功的金粒从失败的沙砾中千淘万滤而来，真理的闪光在谬误的背景下会显得更加明亮。如果你想避免任何失败，那么成功也就永远不会出现。从公元前3世纪到19世纪末的2000多年中，企图证明欧几里得“第五公设”的人都遭到了失败，非欧几何却在这无数次失败后呱呱坠地。企图发明“永动机”的奢望，曾经耗费了许多人的科学青春，而英国物理学家焦耳（J.P.Joule）正是在对“永动机”的深入研究中，发现了热功当量定律。英国化学家戴维（H.Dary）则把一生中最重要的发现归结于失败的启发。

丁肇中分析说，许多人认为，如果一个国家想要在技术和经济方面具有竞争力，它必须集中于能立即有市场效益的实用性技术的发展，并使经济持续发展。有这样的争议：是支持“无用的”基础科学，还是将资源集中于技术的转化和应用研究？丁肇中认为，从历史的观点看，后者是目光短浅的。

丁肇中强调说，如果一个社会将自己局限于技术转化，显然经过一段时间，基础研究不能发现新的知识和新的现象后，也就没有什么可以转化的了。技术的发展是生根于基础研究之中的。他说，基础研究需要大量的资源和长远的眼光。一个国家在基础科学方面的投资在国民经济总产值中所占的比例，是一个国家致力于这方面努力的一个标志。如果没有对基础研究和教育方面的投资，发展经济的实用主义途径是不可能持久的。

从 19 世纪末一系列惊人的科学发现，到 20 世纪原子能的利用这短短 40 多年的历史，再一次充分证明基础科学是高新技术应用的源泉。

1895 年德国物理学家伦琴发现 X 射线，1896 年法国物理学家贝克勒尔（Antoine-Henri Becquerel）发现放射性，1897 年英国物理学家汤姆逊发现电子，1898 年法国物理学家居里（P.Curie）及其夫人波兰物理学家玛丽•居里（Marie S.Curie）发现镭。1911 年，英国物理学家卢瑟福用 α 射线（即高速运动的氦原子核）做散射实验证明，直径为 10^{-8} 厘米的原子中心是直径为 10^{-13}～10^{-12} 厘米带正电的原子核，它几乎占原子的全部质量。1913 年丹麦青年物理学家玻尔（N.Bohr）把量子概念用于卢瑟福的有核的原子模型，指出原子核的外面有带负电的电子在不同的轨道上围绕着原子核运动，当电子从外层轨道跳到内层轨道时就放出相应波长的电磁波（包括 X 射线）；原子内的电子数与门捷列夫元素周期表中原子序数相等，从而使化学元素周期律得到了理论的解释。

玻尔的原子结构理论，虽然在解决原子物理学问题上取得了很大的成功，但碰到了许多困难，特别是在概念上和逻辑上存在着根本性的缺陷。

冲破旧量子论的困境的，是一批年轻物理学家，其中有法国的德布罗意、德国的海森伯、奥地利的薛定谔（E.Schrödinger）等。他们于1923～1926年间创立了物质波理论，发现电子和一切物质粒子都像光一样，既具有波动性质，也具有粒子性质，都表现为波动性和粒子性的对立统一，并由此建立起一套逻辑上完整的量子力学（波动力学）体系，成功地揭示了微观物质世界的基本规律。

第一次世界大战中被中断了的微观物理学的实验工作，战后立即得到恢复和发展。

1919年，卢瑟福设想，用天然放射性元素放出的快速α粒子去轰击较轻的原子核，可能使原子核发生变化。实验的结果证明，氮原子核受到α粒子轰击后，变成了氧原子核。随后，德国物理学家博特（W.W.G.Bothe）等人于1930年发现一种穿透力比X射线和γ射线（波长极短的电磁波）更强的射线。1932年，英国物理学家查德威克（J.Chadwick）证明这种射线就是中子。人们立即认识到，原子核就是由中子和质子（氢原子核）组成的。中子的发现大大加速了原子核物理研究的进程。1934年，约里奥-居里（Joliot-Curie）夫妇发现人工放射现象之后，意大利物理学家（后入美国籍）费米和他的同事们于1935年利用慢中子轰击原子核，使37种元素发生人工放射现象，并蜕变成元素周期表中排在后一位的元素。当他们用中子轰击元素周期表上排在最后位置上的铀时，他们以为得到了超铀元素，但是实际上他们得到的现象比预期的要复杂得多，令人无法解释。德国物理学家哈恩（Otto Hahn）和施特拉斯曼（F.Strassinann）于1938年年底发现，用中子轰击铀，产生出原子量大约为铀的一半的元素钡。这就是重原子核裂变的发现。这个重大发现很快被世界上十几个研究所用不同的方法证实。很多科学家预测，在一个铀原子核裂变过程中可能产生几个中子，这些中子又可以引起其他铀原子核裂变，这就是所谓"链式反应"。果然，几个月后，这个预测同时在法、英、美等国得到了实验验证。根据1905年爱因斯坦作为狭义相对论的一个推论而提出的质量和能量相联系的公式，重核裂变时所释放的能量比普通化学过程大百万倍，这种能就称为原子能。第二次世界大战爆发后，在费米的领导下，美国于1942年建成第一座原子反应堆。1945年，又制成了第一颗原子弹。原子能工业也应运而生。这样，原子能终于被人类掌握，开始了人类历史上的第三次技术革命。

现在我们处于信息时代。如果没有量子力学，没有相对论等基础性研究成果，没有一大批从事基础科学研究的科学家，信息时代可能到来吗？

正是基础研究不断取得新成果，才引发了一次又一次新的技术革命。从蒸汽机的技术革命，到电力化的技术革命，到原子能的技术革命，到信息化的技术革命，无不基于自然科学的纯理论之上。21世纪，科学作为推动历史前进的巨大作用，将超越以往任何一个时代，从而开创科学的新纪元。

丁肇中说：

“自然科学的各个方面都是普遍联系的，而且不断向前发展。我们可以说，在过去50年内，自然科学的发展，其中特别是物理学，半个世纪的进展速度和成果，比它的全部历史记录要大得多，丰富得多。

“我个人预料，在未来的50年之内，生物学和天文学可能有更大的发展，特别是生物学在生命的起源、细胞的改造和遗传工程等方面的研究，都可能取得决定性的突破。由于这些方面的科学成就，50年之后，目前存在的威胁人类生命的种种疾病，就会像几十年前我们制服天花、霍乱和肺结核一样，都将被消灭。因此，我认为，凡是有志于自然科学的人，应该打开眼界，对科学发展方面有比较明确的认识。”

丁肇中的汉语情结根深蒂固。

2004年2月28日，他继1994年首次访问山东大学之后，再次走进了山大校园，作题为《AMS实验课题介绍》的学术报告。丁肇中在报告中，对当今世界上最前沿、最尖端的物理实验进行了介绍。作为一名1956年就到了美国的美籍华人，英语无疑早就成了他日常工作和生活中的第一语言。然而，在他两个小时的报告中，却没有夹杂任何英文单词，即使在提到一些地名和一些高校名称时，他使用的也是音译的汉语。因为长期脱离汉语语言环境，有时一些专业名词的汉语表达成了丁肇中的难题。为此，他先后5次就毫米、耀斑、碳纤维等名词的汉语说法向讲台下的助手求助。

学术报告结束后，有同学向丁肇中提出了一个成功人士最经常遇到的问题：“作为一个成功的男人，您背后的伟大女人是什么样的？”

丁肇中幽默地回答说：“这个问题很重要。生命中对我影响最大的女人是我的母亲和外祖母。因为小时候，当我和我的父亲有不同意见时，我的外祖母总是帮助我说话。”然后，他话锋一转：“我的母亲是山东海阳人，她是研究儿童心理学的。我小时候，她从不鼓励我考 100 分或者争第一名，那都不是重要的。她告诉我应该按照自己的兴趣去发展，我无论取得什么样的分数都能得到她的支持和赞赏。”全场立即响起了热烈的掌声。顷刻间，在山大校园内掀起了一股不小的“丁肇中热”。

无独有偶。同年 7 月，第四届全球华人物理学家大会在上海举行。此次大会虽然是在中国土地上举行，而且与会学者都是黑头发、黄皮肤的华人，但无论论文汇编、会议网站，还是演讲、提问，甚至会场门口的指南，一律使用英文而不见中文踪迹。有部分海外华裔学者要求采用中英文双语，也被组织者以使用英文为国际惯例为由遭到拒绝。但是，丁肇中却没有理会组织者的“禁令”，坚持以中文作报告，成为这次会议上唯一的反“潮流”者。

回顾历史，爱因斯坦与玻尔的哥本哈根学派就量子力学的一些概念性问题曾进行了长达 20 余年的学术之争。爱因斯坦总是试图举上一些反例以证明玻尔等人理论的缺憾或错误，但都被玻尔一一化解。这场争论，首先澄清了许多概念性的东西，其次使量子力学体系更加完善了。

尽管他们在量子论上有分歧，但这并没有影响他们之间的友谊。可以说，他们一生都是好朋友，互相都有仰慕之情。

正像历史上所有的伟人一样，爱因斯坦并不是一个完美无缺的人，但他在科学道路上不断探索、不断发现、永不自满。

爱因斯坦追求知识的高尚精神早已扎根于人们的心中。他说：“科学绝不是也永远不会是一本写完了的书。每一项重大成就都会带来新的问题。任何一个发展随着时间的推移都会出现新的严重的困难。”

科学的发展永远不会停步，需要一代一代的新人把它推向前进。科学如同长河，纳细流，淘沙砾，波澜激荡，曲折回转，以越来越壮阔的势头奔腾向前。

如今，丁肇中正以一个华裔科学家的非凡才能，主持世界规模最大的科学实验计划，带领来自全球各国数百名物理学家，不断取得新的进展和突破。他那矢志奋进的科学精神，不仅闪现了中华民族的智慧之光，也是鼓舞广大青年一代奋发前进的动力。

丁肇中成功之路启示了我们：一个民族只有大力弘扬科学精神，才有屹立于世界民族之林的希望。

科学史一再昭示人们：谁能在科学攀登的征途上把握历史赋予的机会，锲而不舍，谁就会获得意想不到的收获。

丁肇中年表

1936年1月27日	出生于美国密歇根州安阿伯镇。原籍是中国山东省日照市涛雒镇。
1936年4月初	母亲王隽英从美国密歇根州把婴儿丁肇中带回到了中国。丁肇中的童年是在战火与逃难生活中度过的。连绵的战火，使他无法接受正规的小学教育。
1946～1947年	进入山东省青岛市一家教会小学读书。
1948年	进入台中市大同小学读书。
1949年9月	考入台北市成功中学。
1950年9月	转学考入台北市建国中学。
1955年7月	从台北市建国中学高中毕业。
1955年9月	被保送入台南市成功大学机械工程系。
1956年9月	赴美国密歇根大学工学院读书。
1957年夏	转学到密歇根大学物理系。
1959年夏末	从密歇根大学毕业，获得物理与数学双学士学位。
1959年秋	入密歇根大学研究院当研究生。
1960年4～6月	在加利福尼亚的伯亚利实验中心，跟随佩尔教授做一项π介子和质子撞击的实验。
1960年夏末	获物理学硕士学位。
1962年	获物理学哲学博士学位。
1963年	获福特基金会的支持，到瑞士日内瓦欧洲核子研究中心（CERN）从事高能物理实验工作。
1964年	被美国哥伦比亚大学聘为物理学讲师。
1965年	到联邦德国汉堡电子同步加速器研究中心（DESY）从事物理实验。
1967～1968年	任美国麻省理工学院物理系副教授。
1969年	被任命为美国麻省理工学院物理系教授。

1972 年	在美国长岛布鲁克海文国立研究室（BNL）主持实验小组，开始研究一种具有光子性质但质量较大的粒子——重光子。
1974 年	丁肇中及其领导的实验小组正式宣称发现了 J 粒子。
1975 年	当选为美国艺术与科学院院士。
1976 年	因发现 J 粒子荣膺诺贝尔物理学奖。同年，获美国政府颁发的劳伦斯（Ernest Orlando Lawrence Award）奖。
1977 年	当选为美国国家科学院院士。同年被任命为麻省理工学院首任卡伯特（Thomas Dudley Cabot）研究所物理学教授；获工程科学学会颁发的爱林根（Eringen）奖章。
1979 年	在联邦德国汉堡电子同步加速器研究中心（DESY）主持马克-杰（Mak-J）实验组（有中国 20 多位科学工作者参加），首次发现三喷注现象，证实了胶子的存在。这对加深人类对物质微观结构的认识具有重大意义。
1982 年 2 月	受聘为中国科学技术大学名誉教授。
1983 年	在瑞士欧洲核子研究中心（CERN）主持 L3 实验组（中国有高能物理研究所等三个单位参加合作）。
1985 年	在日内瓦欧洲核子研究中心领导 460 多名高能物理学家和 600 多位工程技术人员，开始进行大规模的 L3 实验。
1988 年 4 月	获意大利颁发的最高科学荣誉奖章——德卡斯贝（De Gas-peri）科学奖。丁肇中是第一位荣获此奖的非意大利籍科学家。
1989 年 7 月	世界上能量最大的莱普（LEP）对撞机开始在 CERN 运行，由丁肇中领导的 L3 实验组设计研制的 L3 探测器也同时投入实验。至 1991 年，共收集到约 50 万个 Z^0粒子事例。最重要的研究成果是 Z^0粒子特性的精确测量和中微子种类数的实验确定。他们的实验表明，在宇宙中只有三种带电轻子和三种中微子。确定地回答了自然界中不存在第四种中微子，为物理学中这个重要问题画上了句号。
1992 年 5 月	被南京大学聘为名誉教授。
1992 年 7 月	被东南大学聘为名誉教授。
1993 年 12 月	由丁肇中发起，邀请美国、中国、俄罗斯、法国、意大利、瑞士

	等 10 多个国家和地区的科学家组成一个国际合作研究组，称为阿尔法实验组（AMS），确定用磁谱仪进行空间探测反物质的实验。这是一个与 L3 实验组平行进行的国际合作科研项目。
1994 年 6 月	当选为中国科学院首批外籍院士。
1994 年 10 月	被山东大学聘为名誉教授。
1995 年 8 月	被汕头大学聘为名誉教授。
1996 年	获中国国际科学技术合作奖。
1998 年 6 月 2 日	由丁肇中领导的 AMS 组设计研制的阿尔法磁谱仪，搭载美国发现号航天飞机成功升入太空，从而揭开了人类第一次把磁谱仪送入太空探寻宇宙之谜的序幕。
1999 年 10 月	被北京大学聘为名誉教授。
2000 年 10 月	在人民大会堂作题为《探求自然界的基本构造》的学术报告。
2001 年	被协和医科大学聘为名誉教授。
2002 年 6 月	被日照职业技术学院聘为名誉院长。
2003 年 10 月	被武汉大学和华中科技大学聘为名誉教授。
2005 年 6 月	被曲阜师范大学聘为名誉校长。
	被中国海洋大学授予客座教授称号。

参 考 文 献

陈和生. 1999. 阿尔法磁谱仪. 现代物理知识，（1）.

丁肇中. 2000. 探求自然界的基本构造. 科学新闻周刊，（41）.

郭奕玲，沈慧君. 1999. 诺贝尔物理学奖. 北京：高等教育出版社，施普林格出版社.

卢延国. 2005. 根在日照. 日照日报，6 月 21 日.

唐孝威. 1980. 三喷注的发现. 中国百科年鉴.

唐孝威. 1983. 粒子物理目前正在进行的几个重要实验. 科学通报，（5）.

唐孝威. 1983. 王淦昌和中微子. 百科知识，（9）.

唐孝威. 1984. 西欧“莱泼”计划. 自然，（3）.

唐孝威. 1984. 张文裕和多丝火花计数器. 百科知识，（3）.

唐孝威. 1990. 莱泼实验进展. 自然，（6）.

唐孝威，吕雨生. 1998. 探索宇宙反物质的对话. 世界科技研究与发展，20（6）.

张洪波，刘国林. 2005. 丁肇中携妻儿寻根. 齐鲁晚报，6 月 19 日.

《中国大百科全书・物理学卷》编委会. 1987. 中国大百科全书・物理学卷. 北京：中国大百科全书出版社.

周金品. 1984. 丁肇中与胶子. 科苑，（2）.

周金品. 1985. 中华之声响彻在斯德哥尔摩授奖大厅. 博览群书，（7）.

周金品. 1998. 丁肇中的新成就. 中华儿女海外版，（7）.

周金品，孙开远. 1981. 亚核子实验大师丁肇中. 科学时代，（6）.

周金品，晓明. 1988. 通向 J 粒子的道路. 武汉：湖北科学技术出版社.

周金品，晓明. 1990. 丁肇中的成功之路. 台湾：华一书局.

附录：

怀　念

丁肇中

父亲去世了。

父亲突然而又安详地去了。

去年八月我第一次感到不祥的兆头。我在由新加坡到韩国汉城（今已改名为首尔——编者注）的旅途中，飞机中途停在台北机场，我给父亲打了个电话，得悉他已经不能说话了。去年年底，他的情况已很严重了，医生对他的病已经作了结论。四星期前，我去看望了他，推着轮椅陪他在台湾大学医院做最后一次的放射性治疗，他的行动已经很困难了，然而他仍然很平静和安详，庄严地等待着即将发生的事件。

他为我们的小儿子取了一个中国名字，还请我的继母为我小儿子特地刻了一颗名章。他非常艰难地亲自给我的妻子、他的孙儿女，以及他在北京的姐妹们写了信。一月十九日当我向他告别时，他为我写了一首中文诗，鼓励我不要满足于已经做过的一切，而要继续不断地前进。他紧紧地握着我的手。他一点也不为他自己担忧，但是我十分悲伤，我觉得我要永远地失去他了。

父亲的一生，即使在他最后的日子里，他总是能泰然地处置他个人的事情，并且能始终清晰地理解和理智地分析一切事物。

对父亲的回忆，最早可追溯到我五岁的时候，那是一九四一年十二月八日，珍珠港事件发生的日子。那时我们全家都在重庆，当时，每天的大部分时间是在防空洞中度过的。那天父亲告诉我，以后日本的轰炸会越来越少了，我们的日子也会慢慢地好过些了。

我七岁的时候，父亲带我去参观了重庆的一个工业展览会。展览会上的那些新机器和工具对我有很大的吸引力。那时父亲是重庆大学的教授，母亲是四川师范大学的教授。这一年我大部分时间是待在家里，父亲常常向我讲述上世纪及本世纪的一些伟大科学家，如法拉第、牛顿、麦克斯韦、爱因斯坦、希尔伯特和冯·卡门的故事。他们的成就以及父亲谈起他们时的神态给我留下了很深的印象。可能正是由于童年时的这些印象，使我立志要成为一个科学家。

从父亲那儿，我开始知道了原子这个名词。那是在一九四五年八月轰炸广岛以后，他向我讲解了什么叫原子，以及它的应用在世界历史事件中的含义。

一九四六年至一九四七年期间，我单独和父亲一起住在青岛。父亲在山东大学当教授，并为联合国救济总署工作。父亲把我送到由德国修女办的一所非常严格的天主教学校去上学。因为在战争年代，我从来没有受过正规教育，另外，我原来对学校也没有什么兴趣，所以在这所天主教学校中，我的学习遇到了很大困难。非常值得感激的是，我的父母从来不管束我，而总是激励我的兴趣，他们不像许多中国父母那样强求他们的子女在学校中得到好分数。

我非常留恋和父亲在山东度过的那一年的生活。在那里我见到了我的祖母和丁氏家族中的许多成员。父亲常常带我去看京剧和看电影，却从来不强迫我念书。

由于内战和社会动乱，一九四七年和一九四八年在中国的生活是很困难的。我记得，当我们从我家的第一台收音机中听到济南被解放时，父亲很感慨地谈到，国民党很快就会失去中国了！在那些日子里，我和弟弟都得了重病。父母果断地花费了他们的全部积蓄购买了当时刚刚出现的新药——盘尼西林（青霉素——编者注）。如果他们不那样做，或许我们就不能幸存下来。

一九四八年以后，我们到了台湾。父亲开始在台南工学院教书，后来执教于台湾大学。在那时我开始接受了正规化的教育。

在我的少年时代性格形成期间，那时台湾的政治制度是很僵硬的，新闻是被严格控制的，没有言论自由。那时我对当局组织的一些学生活动很有兴趣。然而，父亲却明显地对当时台湾实施的一些政策持有不同观点。我在高中学习期间，父亲继续和我讨论关于牛顿、麦克斯韦、冯·卡门及其他科学家的生平，以及他们的伟大贡献。他给我一本关于法拉第生平的书，这本书对我产生了非常深刻的影响。我在密歇根大学工学院念书期间，父亲来看过我几次，送给了我几本朗道等人写的量子电动力学和现代物理方面的书。读这些书，对没有受过物理学训练的人来说是相当困难的。在一九五七年的圣诞节假期中，我将它们读了一遍，书中清晰明了的物理学思想和数学表达给我留下了非常深刻的印象。

在母亲生命的最后几年里，父亲到了美国和她生活在一起。母亲的病以及她的去世，明显地对父亲产生了很大影响。他决定回到台湾而不留在美国继续工作。

一九六〇年，我决定从事实验物理学的工作，而不像当时一些成绩优秀的中国学生那样选择工程或理论物理方面的工作。我进入了一个中国人几乎不涉足的领域，进入了一个对父亲也很生疏的领域。或许我的决定曾使父亲感到惊讶或失望，但他确实从未流露出这种感情。

然而，当我开始发表文章的时候，父亲也开始对我的工作表现出越来越大的兴趣，还向我要文章的油印本。过去的三十年间，我的研究工作以及实验结果的意义，成了我和父亲谈话的主题。父亲非常愉快地接受了瑞典皇家科学院的邀请，出席了一九七六年诺贝尔奖的授奖仪典。他也感到十分荣幸地作为邓小平的客人在一九八九年十月访问了北京，正是这次访问使他见到了阔别四十年的老朋友和姐妹。

由于我参与的实验越来越复杂，工作占用了我越来越多的时间，很少有机会和父亲见面。然而，每次我们的会面，他总是对我的工作表示出强烈的兴趣。

父亲是一个有非常才智的人，他的记忆力极好，有很强的分析能力。而最突出的是，他总是——即使在他最后的日子里，也非常安详和平静。他对我的最大影响是：在我少年时代就引导我认识了伟大的科学家们的工作和成就，对我所做的一切总是给予很大的支持，因而，应该说，他是我的启蒙老师。

（原载《瞭望》周刊海外版，1991年4月8日。本文荣获“情系中华”征文特别荣誉奖。）